Bettina Klein

Ein Jahr in Florida

Bettina Klein

Ein Jahr in Florida

Reise in den Alltag

HERDER

FREIBURG · BASEL · WIEN

FSC
www.fsc.org
MIX
Papier aus verantwortungsvollen Quellen
FSC® C017859

Originalausgabe

www.herder.de

Satz: Dtp-Satzservice Peter Huber, Freiburg
Herstellung: CPI Moravia Books, Pohorelice

Printed in Czech Republic

ISBN 978-3-451-06267-4

Inhalt

Prolog

„Miami is changing you!“

Wir waren uns einig. Barbara, Jack und ich. Wir saßen an einem der schönsten Plätze, die South Beach zu bieten hat. An der äußersten Südspitze mit Blick auf die Skyline von Miami. Gegenüber von Fisher Island. Dazwischen der Government Cut. Dort, wo jeden Abend zwischen fünf und sechs die Kreuzfahrtschiffe auslaufen. Unter entspanntem Jubel der Schickeria, die dort das Gläschen Weißwein zu zwölf Dollar aufwärts schlürft. Ein wunderbarer Ort. Der Ort, der am besten zu meiner inneren Geographie passt. Rundherum Wasser. Und nach Süden kommt nichts mehr.

Wir sind alle drei nicht hier geboren. Und teilen damit das Schicksal der meisten Menschen in dieser Stadt. Sie kommen hierher, um ihr Glück zu suchen. Um zu vergessen oder um neu anzufangen. Sie lieben diese Stadt. Und können sie manchmal nicht ausstehen. In der Regel bleiben sie. Oft nur für ein paar Jahre. Manchmal für immer. Jack wurde in Kairo geboren, in einer Familie armenischer Christen. Im zarten Alter von Fünf erlebte er den Neubeginn in New York. Bevor er Englisch lernte, sprach er bereits Französisch, Armenisch und Arabisch. Vieles ist wieder vergessen, aber Jack ist Kulturbotschafter geblieben. Wenigstens im Herzen und für all seine Freunde. Vor zwanzig Jahren kam er von Washington über Orlando hierher nach Südflorida. Zusammen mit seiner Frau, die eine erfolgreiche Staatsanwältin in Miami wurde. Als es für diese Berufsgruppe hier noch weitaus mehr zu tun gab als heute. Lieber würde er wieder in Washington leben. Oder in New York. Und vielleicht für die UNO arbeiten. So ging es ihm jedenfalls eine Zeit lang. Eine Weile hat er unter der stark lateinamerikanischen Prägung Miamis gelitten. Nicht ganz seine Klientel. Aber die Stadt verändert sich. Ständig. Und in den letzten zehn, fünfzehn Jahren wieder einmal gewaltig. Alles wird auch hier – internationaler.

Barbara kommt aus Deutschland. Genau wie ich. Wir sind gleich alt. Aber im Unterschied zu mir ist sie schwarz. Ungefähr so wie Obama. „Du wirst es dir vielleicht nicht vorstellen können", sagt sie. „Aber ich musste mich, als ich herkam, erst noch mal neu als schwarze Frau definieren." Ausgerechnet hier. Sie hat niemals Rassismus kennengelernt, damals in Deutschland, zu einer Zeit, als es schick war, Afroamerikaner zu sein. „Die Amis, die hatten die coole Musik und die Clubs. Da war es sogar ein Vorzug!" Später hat sie den Weltklasse-Tennisspieler Boris Becker geheiratet und lebte mit ihm und den Kindern für einige Jahre direkt gegenüber. Auf Fisher Island. In Miami Beach lebt sie bis heute.

Beide sind keine unkritischen Geister. Beide sehen die Probleme, und beide lieben das Lebensgefühl dieser Stadt. „Versuch mal, hier schlecht draufzukommen!" Wenn es nicht die Skyline ist, dann ist es der Himmel. Die Luft oder der Wind. Die Musik oder noch etwas anderes. Irgendetwas bringt dich immer wieder nach oben, solltest du einmal in einem schwarzen Loch gelandet sein, sagt Barbara. Ein Riesenvogel landet auf deiner Terrasse. Oder Leute rufen an. Oder irgendjemand joggt halb nackt im Tanga vorbei. Und bringt dich total zum Lachen. Die Vielfalt, die Farben, das Klima. Die Offenheit der Menschen, die meist von irgendwo anders herkommen. Es ist diese spezielle Mischung, die diesen Flecken Erde ausmacht. Und das schon immer tat, in seiner kurzen Geschichte. Es ist ein Auffangbecken, man kommt als Weltenbürger. Man bringt seine Gewohnheiten mit. Behält ein paar bei. Und legt den Rest ganz schnell ab.

Das Magazin Forbes wählte Miami dagegen in diesem Jahr zur „most miserable" Stadt der USA. Kriminalität, Staus,

Einkommen, Zwangsversteigerungen, Arbeitslosigkeit führt das Blatt auf. Wer unter 75 000 Dollar Jahreseinkommen hat, erlebe eine harte Zeit. Unter 75 000? Die Stadtverwaltung und manche Bewohner rieben sich die Augen. Haben die richtig gezählt? Haben sie eigentlich auch ein paar der positiven Faktoren in Betracht gezogen? Das Klima, das Wetter, die Freizeitmöglichkeiten? Den Strand und den Ozean, die für alle umsonst sind? Vieles, was sich gerade in den vergangenen Jahren sehr gebessert hat? Haben sie unterschieden zwischen Miami und Miami-Dade County? Hatten sie aktuelles Datenmaterial? Forbes weist auf die immense soziale Schere in der Stadt hin, in der es sich vor allem für Stars wie den Basketball-Nationalspieler LeBron James, Sänger Enrique Iglesias und Tennis-Ikone Anna Kournikova mit ihren millionenschweren Anwesen super leben lasse. Ein Sprecher der Verwaltung interpretiert es anders. Klar, Miami ist eine sexy Stadt für so eine Schlagzeile. Und wer profitiert also davon? Das Magazin Forbes selbst natürlich.

Was bedeutet also Prominenz. Hier? Wo sich auch stets der eine oder andere Hollywoodstar in den Clubs der Stadt blicken lässt. Es gibt auch hier Leute, die wissen, mit wem ich mal verheiratet war, sagt Barbara Becker. Das ist dann auch cool. Aber es ist wiederum auch nicht so wichtig. Wer du mal warst oder wer du jetzt bist. Oder wie viel Geld du hast. Es kommt eher darauf an, wie viel Energie du hast und was du anzubieten hast als Mensch. Und deswegen fühlen sich Menschen hier oft so wohl. Weil man hier nicht wirklich daran interessiert ist, was einer arbeitet oder was einer hat. Weil es sehr viel um den Moment geht. Was machst du gerade, was haben wir für eine Begegnung zusammen? Was kannst du für meinen Tag bringen, was bringe ich dir? Es geht tatsächlich um den Austausch in dem Moment.

Jack hat gerade einen Mitarbeiter der mongolischen Regierung als Übernachtungsgast. Jawohl, der mongolischen

Regierung. Man fasst es nicht. Alles geht schön zack, zack, freut sich Jack. Die Leute überlegen hier sonst stundenlang, ehe sie sich entscheiden, klagt er ein wenig vor sich hin. Ach nein, wollen wir uns nicht später verabreden, oder früher? Dann gilt eh oft *Cuban time*. Also wenn ich sage, ich komme um zwölf Uhr, dann komme ich eventuell morgen um zwölf. Oder übermorgen. Aber das ist auch nicht ganz sicher. Der Gast aus der Mongolei ist da ganz anders, und Jack genießt es. Auch mit einer deutschen Radio-Mitarbeiterin – an das Leben mit dem Sekundenzeiger gewöhnt – geht es wirklich gut. Manchmal überlege ich, ob der in Kairo geborene US-Amerikaner Jack mit armenischen Wurzeln, der immer die interessantesten Fragen stellt und den größten Humor von allen hat, ob er eventuell preußischer veranlagt ist als ich selbst. Das Schöne ist, dass man auch das in Miami erleben kann. Natürlich ist es ein Spezialfall. Miami ist nicht repräsentativ für Florida. Für manche ist es nicht mal Amerika. Aber es gehört – so viel ist ganz sicher – zu den Vereinigten Staaten. Und ist einer der wichtigen Ballungsräume in diesem Bundesstaat.

Und die Frauen, die hierher gekommen sind, es sind viele Lateinamerikanerinnen, sie sind allesamt Wiederaufsteh-Frauen, fügt Barbara hinzu. Die sind mit ein Paar Schuhen gekommen. Sie haben manchmal wirklich nur das mitgenommen, was sie am Leib trugen. Und wenn du ins Jammern verfallen möchtest, wegen einer gescheiterten Beziehung oder weil irgendwas zu schwer ist, dann machen sie so: Sie klatscht die Hände gegeneinander, wie nach getaner Arbeit. *Close the book! And you change it for something bigger and better.*

Richtig, ergänzt Jack. Und formuliert es noch einmal anders herum. *That's Miami – you change it. For something better and bigger.*

Vor dem Jahr

JA, BIST DU DENN WAHNSINNIG? Du kannst doch diese Wohnung nicht aufgeben! Alle, mit denen ich gesprochen hatte, wussten über die Situation genau Bescheid. Ich saß auf meinem zwanzig Jahre alten Ledersofa, blinzelte durch die riesige Glasfront in die Morgensonne, die Sonne war auf am Gehen, wie man im Westen gern sagt. Und war einen Moment lang am Verzweifeln. Am Morgen jenes Tages also, an dem die Kündigung für meine Wohnung einzureichen war, um die Drei-Monats-Frist gerade noch einzuhalten, flossen Tränen. Es waren in diesem Zusammenhang die einzigen. Und auch der Tatsache geschuldet, dass so viele Leute auf mich eingeredet hatten.

Diese Wohnung war außergewöhnlich. Für die Stadt. Für den Preis vielleicht sowieso. Aber es war mir nicht gelungen, sie dauerhaft unterzuvermieten. Und erst, nachdem ich mit dem Versuch schon gescheitert war, teilte mir die freundliche Hausverwaltung mit, sie würde da ohnehin niemals zustimmen. Zu viel Unruhe im Haus. Zwei Mieten gleichzeitig – das war undenkbar in diesem Jahr. Und so schien sich die Frage zu stellen: Wohnung oder Amerika. Da dies kein erwachsener Mensch als ernst gemeinte Alternative begreifen kann, war die Entscheidung gefallen.

Aber trotzdem tat es an jenem Morgen weh. Weshalb hatte ich einen so hohen Preis zu entrichten? Oder redete mir das nur eine Stimme ein? Da siehst du ja mal, welchen Preis du für die Erfüllung deines Wunsches zahlen musst. Wer sagt so etwas allen Ernstes? Und mit welcher Absicht? Und wem kann man das, allen Ernstes, durchgehen lassen? Abenteuerliche Projekte dieser Art fördern immer auch

Gespenster der Vergangenheit zutage. Und wie gut das ist. Man kann sie in aller Ruhe anschauen – brrrhh – und ihnen schließlich ihr Grab zuweisen. In welches sie gehören. Wer macht das schon mitten im normalen Alltag?

Alles im Leben hat seinen Preis. Welch eine Binsenweisheit. Schadenfroh frohlocken können darüber nur diejenigen, die zufälligerweise gerade nicht mit dem Bezahlen dran sind. Wie kurzsichtig von ihnen gedacht. Denn das Meiden jeglichen Risikos wird irgendwann auch seinen Preis fordern. *It's risky, not taking a risk.* Leben bedeutet Veränderung, insbesondere in diesen Zeiten. Und wer fähig ist, loszulassen, befindet sich auf einem guten Weg. Alsbald erschien der brutale Schnitt außergewöhnlich verwegen. Abenteuerlich. Es war eine Art Tabula rasa. Verbunden mit einem Haltenetz natürlich. Denn zu Hause wartete noch meine Anstellung. Eine Struktur war geblieben, *on the long run.* Nichts hätte mich in jenen Wochen weniger interessiert. Es war vernünftig, nicht gleich zu kündigen. Mehr nicht.

Ich gehöre zu den Menschen, die mitunter etwas mit NASA-Raketen tun müssen. Dazu gehört auch die Entscheidung, nach Florida zu gehen. Es ist eine gewaltige Energie, die man besser kanalisiert, als sie ungehindert austreten zu lassen. Niemand würde den Raketen in Cape Canaveral Uhrzeit und Bedingungen des Starts selbst anvertrauen. Eine gigantische Maschine, die Millionen von Dollar verschlingt, ist am Werk, um einen Start zu planen, vorzubereiten, durchzuführen. Damit es am Ende heißt: musste aus Wettergründen verschoben werden. Auch das kann passieren.

Auf einer Halbinsel, auf der Raketen starten und landen, fühle ich mich einfach gut aufgehoben. Es bedeutet, dass dort Menschen leben, die mit der Existenz dieser Energien umzugehen wissen. Sie leugnen sie nicht. Sie wollen sie nicht abschaffen. Sie haben ein Instrumentarium entwickelt, um sie zu nutzen. Das hat auch etwas mit Pragmatismus zu tun. Und es ist mir grundsympathisch. Auch wenn sie inzwischen auch dort um Arbeitsplätze bangen, weil das Raumfahrtprogramm der USA so abgespeckt wird. Von Florida aus in die Sterne, eine Legende zum Ruhme der Vereinigten Staaten, diese Geschichte beginnt gerade, sich zu verändern. Und daran ändert auch dieses riesenhafte NASA-Emblem nichts, das an einem der gigantischen Gebäude in Cape Canaveral prangt. Ein Streifen – breit wie eine Busspur. Immerhin, man hofft nun auf private Raumfahrt-Unternehmen. Erste Versuche waren erfolgreich. Und geben der NASA vielleicht altes Selbstbewusstsein zurück.

In kurzer Zeit sehr viel Energie zu mobilisieren, und zwar nicht nur theoretisch, sondern das Ganze in Handlung zu überführen – wenn ich auf diesem Wege bin, dann weiß ich, ich mache es richtig. Dazu gehören konstruktive Dinge. Eine Beziehung zu zerstören kann sich zwar im ersten Moment NASA-raketentechnisch ebenfalls befreiend anfühlen. Im zweiten Moment allerdings entsteht das Bild einer Rakete, die mit Feuerschweif beim Start kippt und eine unbeschreibliche Verwüstung am Boden anrichtet. Ein Desaster, eine Feuersbrunst, die alles vernichtet, was lebt – und eine Einöde hinterlässt.

Wenn man dort sitzt, in Cape Canaveral, auf der Tribüne, auf der schon so viele Menschen Zeuge gigantischer Raumfahrtprogramme wurden, wo schon so viele Raketen in den blauen Himmel über Florida schossen, dort hinten, in ein paar Kilometer Sicherheitsabstand entfernt, aber immer noch nahe genug, um sich als Augenzeuge zu fühlen, hinter Seen und Wiesen, direkt am Atlantik, einem Umfeld, von dem man als Fernsehzuschauer wenig mitbekommt, dann erinnert man sich auch an jene Tragödie des Challenger-Unglücks, bei dem Familienmitglieder mehr oder weniger direkte Zeugen des Todes ihres Angehörigen wurden.

Mit NASA-Raketen ist also nicht zu spaßen. Deshalb ist

es so wichtig, besonnen und verantwortungsvoll mit ihnen umzugehen. Eine Möglichkeit, diese Energie abzubauen, ist heutzutage das Fliegen mit normalen Passagiermaschinen. Eine Leidenschaft, die zu verfolgen die Vereinigten Staaten, wo das Flugzeug den Bus ersetzt hat, jede Menge Gelegenheit bieten. Insbesondere, wenn es durch Anbindung nach Übersee auch noch eine Notwendigkeit für Transatlantikflüge gibt. Ich weiß nicht, was mit unsereinem und unserer Energie passieren wird, wenn dereinst das Fliegen für Normalsterbliche verboten sein wird. Als Klimakiller Nummer eins (oder Nummer zwei?) sind wir schon heute die leibhaftigen Sünder. Im Mittelalter wären wir vermutlich verbrannt worden. Und dieses Schicksal droht uns womöglich auch noch in der Zukunft.

Schon einmal hatten wir Tabula rasa walten lassen. Damals bei der Ausreise aus dem anderen Teil Deutschlands. Freilich unter komplett anderen Voraussetzungen. Und mit anderen Gründen. Aber auch damals in dem Bewusstsein, etwas Richtiges zu tun, etwas Notwendiges, auch wenn vieles dagegen sprach. Und vor allem viele dagegen sprachen. Und ihre Einwände geltend machten. Eine Entscheidung, die die Geschichte wenig später als genau richtig belohnte. Denn das Land, das wir damals verlassen hatten, gab es schon kurze Zeit später nicht mehr. Und zwar aus denselben Gründen. Aus denselben Gründen brachten nur wenig später abertausende andere Menschen den Mut auf, nicht mehr mitzuspielen.

Jetzt ging es nicht ums Nicht-mehr-Mitspielen. Ich war glücklich. Und zugleich traurig. Wofür es anscheinend, in der äußeren Situation zumindest, keinen, nicht einen einzigen triftigen Grund gab. Vielleicht war es das Jagen nach einem großen Gefühl, vielleicht war es das Bedürfnis, etwas zu vollenden oder weiterzuführen, was in der Tat rund zwanzig Jahre früher seinen Anfang genommen hatte. Die Westausdehnung war offenbar noch nicht ganz abgeschlossen. Von Ost nach West. Von Berlin nach Köln. Von Deutschland nach Amerika.

Natürlich, es ging auch um Freiheit. Um die Weite und die unbegrenzte Möglichkeit. Die Emotionalität und den Patriotismus in einem Land, das erst vor ein paar hundert Jahren von Auswandern gegründet worden war. O ja, und um die Mission, die dahinterstand. Die Suche nach diesen Idealen, nach Entfaltungsmöglichkeiten für den Einzelnen, nach religiöser Toleranz. Und das Einstehen für diese Werte bis heute, auch wenn es an der einen oder anderen Stelle manchem etwas überzogen erscheint.

Es war das, was mich angesprochen und mich mit meiner eigenen Geschichte wieder zusammengebracht hatte. Auch ich war schließlich eine Auswanderin. Auch wenn das bald gar nicht mehr aufgefallen war. Da sich das Land, aus dem wir geflohen waren, wenig später einfach aufgelöst hatte. Und wir immerhin nur von einem Deutschland in das andere wechselten. Dass diesem Schritt einmal etwas sehr Tiefgehendes zugrunde gelegen hatte, daran wurde ich in den USA wieder erinnert.

Und natürlich war es auch ein Land der Träume. Was ich ganz vergessen hatte. Als Kind und Jugendliche hatte ich mich offenbar so stark dahin gesehnt, dass es sich nun anfühlte – wie die Ankunft in der Realität. In der Tat. Immer, wenn ich auf dem Boden der Vereinigten Staaten angekommen war, hörte ich auf zu träumen. Ich war ja jetzt da. Es war die Ankunft in der Realität. Und das ist eigentlich immer ein gutes Zeichen. Aber auch das hatte ich mir so nicht vorgestellt. Manche Menschen glauben, dass Ankunft in der Realität bedeutet, nur noch die Bäume zu sehen und nicht mehr den Wald. Aber das stimmt nicht. Das ist es nicht. Es kann auch bedeuten, in einer Umgebung angekommen zu sein, in die man hineinpasst. In der man frei atmen kann. In der die anderen genau so sind wie man selbst.

Es war auch eine Freundlichkeit, eine Menschenfreundlichkeit, die sofort mein Herz berührte. Etwas, das sich anfühlte, wie *brotherhood of men*. Gelebte. Nicht behauptete. Das ist der große Unterschied. In der Unabhängigkeitserklärung der Vereinigten Staaten ist SOWOHL die Gleichheit aller Menschen verankert – „all men are created equal“ – als auch das Streben nach dem Glück jedes Einzelnen – „pursuit of Happiness“. Wie man sieht, muss das, zumindest in der Theorie, kein Widerspruch sein. Vielleicht steht sie zu oft nur auf dem Papier. Aber jedenfalls STEHT sie dort. Schlussendlich: Im Auto die Landstraßen entlangzuschießen, ins Offene. Unter abgewrackten Hochleitungsmasten. Aber mit Amy Winehouse, der großen Soulsängerin, als Soundtrack. Musik, die Sommer, Sonne und Licht pur ist. Für mich jedenfalls. Es konnte einfach gar nichts anderes sein, und es konnte nichts anderes geben.

Es war nicht Frankreich, und es war nicht Italien und auch nicht Schweden oder Südafrika. Es waren die Vereinigten Staaten von Amerika. Es ist ein bisschen wie mit der Liebe, erklärte ich unserem Programmdirektor offenherzig, als er wissen wollte, weshalb nun ausgerechnet die USA. Ich kannte seine persönliche Einstellung nicht und fühlte mich frei genug, einfach die Wahrheit zu sagen.

Wie ich vor Jahren eingeschwebt war – und bereits beim Landeanflug die unerklärliche Überzeugung fand, nun angekommen zu sein. Ein unerklärliches Gefühl des Nach-Hause-Kommens, das ich nicht ganz begreifen konnte. Aber sofort akzeptierte. O ja, es war definitiv der Aufbruch in das Land der Freiheit, obwohl mir das nicht bewusst gewesen ist. In ein Land, das sie wie keines in der Geschichte verkörpert hatte. Und letzten Endes dafür auch in meiner Heimat eingetreten war.

Irgendwo da hinten, hinter dem Atlantik, hinter zwölf Stunden Flug und noch etwas mehr Abenteuermut ragten die Wolkenkratzer von Miami in den blauen Tropenhimmel. In gleißendem Licht und von Wasser umgeben, in einer der spannendsten Metropolen der Welt. Angesiedelt am südlichen Ende einer seltsamen Halbinsel, die unten rechts der USA ins Meer ragte. Ich konnte in diesem Frühjahr die Hitze, das Licht und das Meer bis nach Deutschland spüren. Es war ein Bild, das sich bereits vollständig in meinem Herzen aufgebaut hatte. Und dem es zu folgen galt.

In einer Zeit, in der mancher die Hochhäuser von Fisher Island – über deren prominente Bewohner und ihren Seelenzustand man sich in der Yellow Press, in den Klatschzeitschriften beim Zahnarzt informieren konnte – irgendwie noch für das eigentliche Miami hält. Dabei ist es eine kleine Insel, auf die nur gelangt, wer dort wohnt oder wer dort jemanden besucht. Die Häuser sehen charakteristisch aus. Aber sie sind ganz anders als die der Skyline von Miami. Oder die Bauten von Miami Beach. Dort, wo Don Johnson und Philip Michael Thomas schon vor fünfundzwanzig Jahren als Cops aus „Miami Vice" entspannt am Hafen entlanggeschlendert waren.

Barbara gehörte zu jenen Prominenten, die auf Fisher Island lebten. Nach dem Ende ihrer Ehe mit dem Tennisstar blieb sie erst mal dort. Nach dem Drama genoss sie die Ruhe und die Abgeschiedenheit von all dem Rummel. Vor allem für ihre Kinder. Man passt hier aufeinander auf, sagt sie. Im Guten wie im Schlechten. Man ist nie völlig unbeobachtet, aber auch nie allein, wenn es einem miserabel geht. Seit Jahren wohnt auch sie um einiges normaler in Miami Beach.

Die meisten Menschen können nicht gleichzeitig eine wirklich glückliche Ehe führen UND dabei zahllose Affären haben. Und genauso ist es schwierig, irgendwo Wurzeln zu schlagen und gleichzeitig die Freiheit und das Abenteuer eines offenen Vagabundendaseins zu genießen. Auch wenn es nur um die Frage eines neuen räumlichen Zuhauses geht.

Das Thema Wohnung sollte sich durch das ganze Jahr ziehen. „My gipsy friend", sagte meine Freundin Annette in Miami gern belustigt. Ich benutzte das Wohnen und die Wohnungssuche als Vehikel, um dieses Land und diese Stadt kennenzulernen. Die Menschen und die Nachbarschaften, ihre Probleme und ihre Sorgen. Die Alternative wäre ein Jahr im Opera Tower gewesen. Dort, wo definitiv MEINE Wohnung lag. Wegen der ich augenscheinlich nach Amerika gekommen war. Wie ich wenig später feststellte. Im 44. Stock und mit Blick auf die Miami Skyline. Alle wussten in Miami bald Bescheid. Ich musste nur das O-Wort in den Mund nehmen. Und alle begannen, verständnisvoll bis amüsiert zu gucken.

Mai

Über den Ozean fliegen. Die Weite des Meeres. Die Wolken. Die Wölkchen. Das monotone Geräusch des Flugzeugs. Die ewige Bewegung Richtung Westen. Unaufhörlich. Die Ruhe im Schiff. Amerikaner, entspannt. Geübt im lange Fliegen. Unaufgeregt. Offenbar mit einer größeren Blase ausgestattet. Während in den normalen Ferienfliegern sich nach dem Essen sofort eine ungeduldige lange Schlange vor den Toiletten bildet. Ein lautes Gerede. Jeder möchte sich noch ein bisschen mehr brüsten als der andere, dass er nun nach Amerika fliegt. Wozu sollten Amerikaner das tun. Für sie geht es nach Hause. Sie haben ihr Abenteuer – dienstlich oder privat – bereits hinter sich.

Natürlich befinden wir uns in einem Luftschiff. Spätestens, wenn die ersten Turbulenzen über dem Atlantik beginnen, weiß man das. Es ist nichts anderes als eine übergroße, hohle Zigarre, die in atemberaubender Geschwindigkeit in zwölf Kilometern Höhe durch die Atmosphäre schießt. Geht's noch? Muss man sich das antun? Sich einem Stahlzylinder anvertrauen, der durch nichts anderes Sicherheit bietet als durch Geschwindigkeit und Tragflächen? Sonst nichts. Wir befinden uns einfach in der Luft. Haben den Boden unter den Füßen verloren. Welchen Unterschied zu einer Hindenburg gibt es da gleich noch mal?

Turbulenzen sind nichts Schönes. Sie können lange dauern und an den Nerven zehren. Vor allem, wenn man gerade geschlafen hat. Oder eigentlich nochmal schlafen möchte. Die Fahrt mit einem Uralt-Laster auf rumpeligster Kopfsteinpflaster-Straße. Allerdings mit dem Unterschied, dass man nie ganz sicher sein kann, ob man noch mal wohlbehalten auf dem Boden ankommen wird. „Don't you get nervous?", fragte die kleine pummelige Frau mit schwerem spanischem Akzent neben mir. „Nein, ich habe mich schon daran gewöhnt", gab ich höflich zurück. Bei meiner letzten Atlantik-Überquerung war es etwas zu dramatisch. Ich wollte in diesem Moment nicht daran erinnert werden. Beim Start hatte sie sich jedenfalls bekreuzigt.

Die allerbeste Zeit, einen Aufenthalt in Florida zu beginnen, ist zum Memorial Day Weekend. Ganz Amerika ist unterwegs. Am letzten Maiwochenende, wenn die Sommersaison beginnt. Alles, was Tragflächen hat, befindet sich in der Luft. Und so ist es dort oben auch nicht so einsam. Vor allem nicht auf Flughäfen.

Ein halber Tag im überfüllten Washington National Airport war bereits vergangen. Dort hatte man zunächst ein Flugzeug mit Ziel Fort Lauderdale als kaputt gemeldet. Und dann noch ein weiteres. Über Stunden konnte man genüsslich beobachten, wie zwei Ingenieure bäuchlings in den Triebwerken lagen und versuchten, mit bloßen Händen den Fehler zu finden. Oder ihn zu beseitigen. Etwa viertelstündlich wiederholten die Angestellten von American Airlines ihre Durchsage. Sie wüssten noch nicht, wie und wann es weitergeht. Und dankten höflich für unsere Geduld.

„Seien Sie nicht überrascht", beruhigte mich Robert, der Makler, am Telefon. „An diesem Wochenende sind auch ein paar seltsame Leute in Miami unterwegs. Aber keine Sorge, die sind sonst nicht da. Es ist auch ein bisschen lauter als sonst. Aber das ist normalerweise auch ganz anders. Und Sie brauchen für dieses Wochenende nicht zusätzlich etwas zu bezahlen." Kein Problem, was soll sein. Ein tolles Apartmentgebäude direkt am Strand. Ein Wochenende geschenkt. Wahrscheinlich in Gesellschaft von allerlei Prominenz. Was macht da ein bisschen Lärm? Vermutlich war der gute Robert einfach etwas spießig.

Gegen 23 Uhr landete das reparierte Flugzeug schließlich in Fort Lauderdale. Nach Stunden des Bangens, ob wir überhaupt noch loskommen würden. Gegen Mitternacht und mit Gepäck für ein Jahr Aufenthalt setzte uns der Shuttle-Taxifahrer an der Lincoln Road ab. Die Straße vor der Hausnummer 100 war gesperrt. Aus Sicherheitsgründen. Drei riesige Koffer mussten noch bugsiert werden. An Leuten, die auf der Straße helfen wollten, fehlte es nicht. Im Gegenteil. Es lärmte und tanzte, die meisten waren Schwarze. Etliche hätten den Drogentest wahrscheinlich nicht bestanden, und die Frauen trugen erstaunlich wenig am Körper. Außer vielen langen Goldketten, die sich wirklich gut auf der dunklen Haut machten. Waren das jetzt alles Prostituierte? Oder sahen die nur so aus?

Offenbar sah jedenfalls ich so aus. Vor Prostituierten, die mit riesengroßen Gepäckstücken am Memorial Weekend um Mitternacht im Apartmenthaus Decoplage mit seiner riesigen marmornen Eingangshalle im Jugendstil Einlass begehren, muss das Gebäude unter allen Umständen geschützt werden. Man kann in dieser Hinsicht nicht über rassistische oder geschlechtsbezogene Vorurteile klagen. Eine junge Latina und ein älterer weißer Mann am *front desk* behandelten mich gleichermaßen. Abweisend, arrogant und von oben herab. Ohne jedes Mitgefühl. So, wie ich es noch nie in den Vereinigten Staaten erlebt hatte. Selbst wenn man dir auf Reisen nicht helfen kann, man zeigt zumindest Anteilnahme. Und sucht zusammen nach einer Lösung.

Doch nichts von alledem. Ich war plötzlich, so schien es, auf einem anderen Planeten gelandet. Beim Decoplage musste es sich zweifelsohne um eine Art Parallel-Universum handeln. Nicht ganz falsch der Vergleich, wie sich später herausstellte. Dumm nur, dass ich ausgerechnet dort eine Wohnung gemietet hatte.

Ich erläuterte, dass ich eine deutsche Journalistin sei und sehr, sehr schlecht über dieses ehrenwerte Haus berichten würde, wenn sie mich nicht auf der Stelle einließen. Es half nichts. Ich wedelte mit Papieren und Dokumenten, um meine untadelige Existenz zu beweisen. Ich sah in zwei ungerührte Gesichter. Es war der erste Abend, und es sollte der Beginn von etwas wirklich Gutem werden. Aber es half nichts. Ich wurde so unfreundlich, wie es mir in der englischen Sprache nur möglich erschien. Mein Auftritt wurde von einer Videokamera aufgezeichnet. Aber auch das war egal. Ich hätte mich zusätzlich noch auf den Kopf stellen können.

Sie hatten einfach keine Information. Irgendjemand hatte es, trotz gründlicher und langfristiger Vorbereitung, verpennt, mich anzumelden. Und es zeigte sich bald: Auch das ist Miami. Keine Information, kein Einlass. Und Robert, mein fürsorglicher Makler und Vermieter, dessen Wohnung ich für den Monat Juni gemietet hatte, in die ich nun einzuziehen begehrte, nur eben, wie verabredet, ein paar Tage früher – Robert, also, befand sich wo? Genau. Es war schließlich Memorial Weekend. Auf Reisen. Und zwar nicht irgendwo. Sondern? Wo mache ich Urlaub, wenn ich bereits im Paradies lebe? Richtig. In Paris, Frankreich. Wo es sechs Uhr morgens war. Ich traute mich nicht, Robert aus seinem Pariser Bett zu werfen.

Doch – was hatte er gesagt, für den Fall, dass es ein Problem geben würde? *Text me!* Genau. Ich schrieb von meinem BlackBerry eine E-Mail. Die sich, im Gegensatz zu einer *text message*, also einer SMS, eben gerade nicht mit einem vernehmlichen „Kling" in seinem iPhone bemerkbar machte. Das für eben solche Fälle direkt auf seinem Nachttisch in Paris lag. Keine Rückmeldung. Robert schlief fest. *Text me.* Das war in diesem Moment der entscheidende Unterschied. Bitte verwechseln Sie das nie mit dem Schreiben einer E-Mail. Es kann Leben retten. Oder wenigstens sehr, sehr viel Geld.

Das Desaster war nicht zu leugnen. Und nicht mehr zu beseitigen. Ich stand in der ersten Nacht in Miami Beach auf der Straße, umgeben von riesigen Koffern und zu 95 Prozent bekifften Menschen – und hatte kein Quartier. Trotz sorgfältigster Planung, bezahlter Miete sowie endlosem E-Mail-Verkehr mit Robert. Und niemanden, den ich um diese Zeit aus dem Bett oder von der Party holen wollte. Keine halbe Stunde in der Stadt hatte ich dafür eine Tonne voll Geschichten. Die alle so klangen, als seien sie ausgedacht.

Es gibt in Miami und Umgebung schätzungsweise zweieinhalbtausend Hotels jeglicher Preisklasse. Vom billigsten Motel über zahllose Mittelklasse-Häuser bis hin zum ganz großen Luxus. Mich konnte in dieser Nacht nur noch eines retten. Einfach über die Straße zu gehen, nach den Kofferjungs zu rufen und ganz entspannt ein Zimmer im Hotel Ritz Carlton zu nehmen. Direkt gegenüber vom Decoplage.

Am Ende stand eine Zahl mit vier vorn auf der Rechnung. Insgesamt hatte sie drei Stellen. Na gut, Dollar. Trotzdem ausreichend für eine Woche Magenschmerzen. Das Loch in der Reisekasse war immens. Ich bekam nur drei Stunden Schlaf. Und auch die nur dank einer halben Flasche Weißwein aus der Minibar. 32 Dollar. Doch am nächsten Morgen ging ich hinunter auf die Terrasse zum Pool. Wo das Frühstück serviert wurde. 35 Dollar. Und dahinter, man konnte die beiden Wasserflächen kaum voneinander unterscheiden, lag im gleißenden Sonnenlicht der Atlantische Ozean. Türkisgrün. Ein würdiger Auftakt. Der erste Morgen in Florida.

An dem ich im Hotel wieder meine Sachen packte, zurück über die Straße marschierte und nach einem Anruf bei Robert das verabredete Quartier beziehen konnte. 100 Lincoln Road. Erste Reihe in Miami Beach. Fünfter Stock, inmitten der Palmenkronen. Gegenüber vom Ritz Carlton und mit Blick auf die Kreuzung Collins Avenue. Besser ging's nicht.

Aber das Schlimmste war noch gar nicht vorbei. Robert hatte mich zwar vorgewarnt wegen „seltsamer Menschen" auf der Straße. Doch was er vergessen hatte zu erwähnen, war der Anlass dafür. Das sogenannte Urban Beach Weekend, das seit einigen Jahren stets am Memorial Weekend in Miami Beach stattfindet. In Kneipen, Bars, auf Open-Air-Bühnen oder einfach auf der Straße. Es ist mehr oder weniger ein inoffizielles Festival für Hip Hop, Rap und Reggae, und es ist vor allem ein großes Partywochenende, an dem in Miami Beach in einer Weise die Post abgeht, wie zu keiner anderen Zeit im Jahr. Und zu dem nicht nur ein paar angeblich seltsam aussehender Menschen in die Stadt kommen. Sondern mehrere zigtausend Fans, meist Afro-Amerikaner. Jedes Jahr. Und jedes Jahr aufs Neue ergreifen die Einwohner von Miami Beach die Flucht. Oder bunkern sich zu Hause mit Vorräten ein. Jeder, der nicht an diesem Festival teilnehmen möchte, und dem es irgendwie möglich ist, verlässt rechtzeitig die Stadt. Oder kommt gar nicht erst. Außer mir, natürlich.

In der Nacht zu Montag wurde sehr schnell klar, weshalb die Menschen fliehen. Sofern sie nachts schlafen möchten. Bässe, die in den offenen Autos in ohrenbetäubender Lautstärke die ganze Nacht lang aufgedreht werden, lassen die Häuser erzittern. Vor allem an einer der prominentesten Straßenkreuzungen in Miami Beach. Lincoln Road und Collins Avenue. Genau genommen rattern durch die Druckwellen die ganze Nacht die Türen in den Türrahmen. An Schlaf ist nicht eine Minute zu denken. Selbst in einem solch stabilen, sogar vor Hurricans geschützten Gebäude wie dem Decoplage. Dafür gab es das Wochenende auch umsonst. Wie gesagt, erste Reihe. Lincoln Road at Collins Avenue. Selbst schuld, wenn man so will.

Die *black community* findet sich an jenem Wochenende zu Abertausenden ein. Wer wenig über Miami Beach weiß, könnte meinen, dies seien vielleicht Einheimische. Doch weit gefehlt. Sie reisen an, nicht nur aus anderen Teilen Floridas, sondern von überall aus den USA. Nachdem ein paar Mal seltsame Zwischenfälle und Schießereien an der Collins Avenue und anderswo für Aufsehen sorgten, bei denen u. a. Polizisten offenbar relativ rasch von ihrer Schusswaffe Gebrauch machten, ist das ganze Festival erheblich in die Diskussion geraten. Es zeigte sich, viele Ansässige sind es allmählich leid. Jedes Jahr aufs Neue das Chaos und der Lärm. Die Angst vor unkontrollierter Gewalt. Sollte es verboten werden? Die Stadt sagt, es gibt nichts zu verbieten. Es gibt keine Organisation in diesem Sinne. Die Party breitet sich einfach aus. In Bars und Restaurants, überall, wo immer Menschen zusammenkommen und feiern können. Auf der anderen Seite gibt es die Furcht, jenen Rassenvorurteilen wieder zu begegnen, die bis in die Sechzigerjahre Miami Beach prägten. Als Schwarze nur tagsüber an den Strand durften. Als Künstler wie Sammy Davis Jr. zwar für hohe Gagen in den Hotels von Miami Beach auftreten, aber dort nicht übernachten durften. Als Schwarze in Miami Beach arbeiten, aber nicht dort leben durften. Sondern zurück mussten ins schwarze Viertel Overtown in Miami. Auf dem *mainland* jenseits von Biscayne Bay.

Dienstagvormittag waren alle wieder weg. Als sei nichts gewesen. Friedlich und unschuldig schlenderten Passanten über die Lincoln Road. Eine der ältesten Fußgängerzonen in Amerika. Ich hatte ein Loch in der Kasse, Magenschmerzen und Schuldgefühle. Und Stoff für ein halbes Buch.

Es konnte jetzt jedenfalls losgehen. Aber dazu brauchte ich nach diesem Wochenende erst einmal sehr viel starken Kaffee. Im Fernsehen lief quasi im Minutentakt der passende Werbespot dazu. Mit Suchtpotenzial. Für alle Abhängigen.

So wie mich. „Premium Starbucks Via ready brew". Klavierklänge im Stakkato.

„*#1 dad*" lost his number one status, when he forgot to make the morning coffee.
So „*Worlds best mom*" was more than happy to make a cup of delicious Starbucks Via.
She got to the office just in time to save „*Best friend forever*" from the office coffee.
„*Best friend forever*" bravely shares Starbucks Via with „*Don't talk to me until my second cup*", before he even had his first.
He shared it with „*I hate Mondays*". Who had three cups, because it was, after all, Monday.
Premium Starbucks Via ready brew. Never be without great coffee. Available at your local Starbucks. Or wherever you buy groceries.*

Wow! Yeah!

Never be without great coffee! Oh no. Erst wenige Wochen in Amerika drückte es genau mein Lebensgefühl aus. *Never be without anything.* Es gibt alles, überall. Alles ist möglich. *Wherever you buy groceries!* Überall ist das Leben. Hol dir

---

* Übersetzung Werbespot Premium Starbucks Via ready brew:

„*Spitzen-Daddy* verlor seinen Status, als er vergaß, den Morgen-Kaffee zu bereiten. Also war die *Beste Mutter der Welt* wirklich froh, als sie eine Tasse von dem köstlichen Starbucks Via machen konnte. Sie kam gerade noch rechtzeitig ins Büro, um die *Beste Freundin für immer* vor dem Büro-Kaffee zu bewahren. *Beste Freundin für immer* teilte Starbucks Via mutig mit *Sprich mich nicht vor der ersten Tasse an!*, bevor der auch nur seine erste hatte. Er teilte es mit *Ich hasse Montage.* Die drei Tassen brauchte. Denn, schließlich, es war immer noch – Montag."

einfach, was immer du brauchst, duff, duff, duff! Es war ziemlich *hot, hot, hot*.

Nicht jeder wusste bei diesen Werbespots sofort genau, worum es jetzt eigentlich ging. Nämlich um einen Instantkaffee namens „Via", den anscheinend kein Mensch benötigte. In jenen Wochen allerdings wurde, wer regelmäßig das morgendliche Fernsehprogramm verfolgte, buchstäblich zugeschüttet mit diesen Spots. Im Minutentakt. Das Ganze hatte Platz in gerade mal dreißig Sekunden. Schnellst geschnitten. Mit schnell gehackten, monotonen Klavierakkorden, die sich zum Ende in ein riesiges, rockiges Crescendo steigerten.

Es gab außerdem noch den mit *„Blondes have more fun"*, *„Single and loving it"* sowie *„Ladies man"*.

Via hin oder her, das interessierte eigentlich niemanden. Via steht im Englischen wie im Deutschen auch für eine andere Bedeutung. Und so gesehen war genug Platz für gedanklichen Spielraum und jede Menge Phantasie. Viel interessanter als dieses seltsame Produkt „Via" waren für mich – seinerzeit *coffe junkie* – die Tassen! Die *mugs* mit ihren klasse Sprüchen. Besser gesagt: mit den Klassifizierungen einzelner Charaktere. Besonders eindrucksvoll der mit dem Schriftzug *„Don't talk to me until my second cup"*. Dazu ein Bluthund mit gefletschten Zähnen. Schon ein bisschen brutal. Aber sie brachten es mit ihrer Meinungsfreiheit mal wieder total auf den Punkt. Ich erkannte mich jedenfalls sofort wieder.

Es brauchte nur wenige Tage des Bombardements durch die Via-Werbespots, und ich rauschte in die nächste Starbucks-Filiale – es gab allein drei von ihnen fußläufig auf der Lincoln Road –, um dort einen oder am besten gleich mehrere von diesen großartigen Kaffeebechern zu kaufen. „Nein", sagte der Typ hinter dem Starbucks-Tresen gedehnt, „die gibt es doch nicht zu KAUFEN." Was?! Ich fiel fast hintenüber. „Ich meine, das ist *fraud*“, rief ich empört, „das ist doch Betrug! Sie widmen diverse Werbespots diesen Tassen, die ja wohl ganz zweifelsohne im Vordergrund stehen, die die Hauptrolle darin spielen, denn die kleinen Via-Tüten ja wohl sicher nicht, und wenn man dann eine davon kaufen möchte, dann GIBT es sie nicht?!!“ Ereiferte ich mich. Ganz der Bluthund vor der zweiten Tasse Kaffee.

Ich verstehe die Marketingstrategie bis heute nicht. Ich weiß nicht, wie viel sie von dem Instant-Müll losgeworden sind. Auch die Verkäufer gaben unumwunden zu, dass er nicht besonders schmeckt. Aber sie hätten garantiert DAS Geschäft ihres Lebens mit den Tassen gemacht. Vielleicht kann mich einer der Manager mal anrufen und mir das Geschäftsmodell erklären. Wahrscheinlich haben sie es gar nicht nötig. Starbucks hatte sich zwischendurch schon ordentlich berappeln müssen. Das Unternehmen hat längst nicht mehr das Gutmenschen-Image, mit dem es seinen Siegeszug angetreten hat. Es ist weniger Kult geworden als vielmehr in Amerika oft die einzige Sorte Kaffeehaus, das man überhaupt finden kann.

Um mal etwas Gutes zu sagen. Es gibt sie fast überall. Wann immer einen ein irgendwie geartetes menschliches Bedürfnis überkommt – es ist zu heiß, es ist zu kalt, es ist langweilig, ich brauche einen Internetanschluss –, man muss nur den Kopf heben, und an der nächsten Straßenecke taucht Starbucks auf. Man weiß, was man bekommt. Es riecht gut, und die Musik ist meist angenehm. In manchen Vierteln sind die Starbucks-Filialen soziale Zentren, in denen man die einzig normalen Menschen trifft. Also sprich: solche mit Job und eher nicht kriminell.

Sie stehen in langen Schlangen, um sich für den Weg zur Arbeit ins Auto ihren *coffe to go* mitzunehmen. Denn das Auto ist das zweite Zuhause und *to go* bzw. *drive-thru* inzwischen eine Art etablierter Haushaltsführung. Selbst zum

Geldabholen muss man nicht mehr aus dem Auto aussteigen. So gesehen hatte auch Starbucks den Umsatz mit den Kaffeetassen – die mit den Städten darauf gibt es sowieso noch – wohl einfach nicht nötig. Trotzdem schade. In Miami sind die Filialen außerdem noch Erfrischungsräume, in die man sich bei 35 Grad im Schatten und neunzig Prozent Luftfeuchtigkeit flüchten kann. Wo ein irgendwie normales Leben möglich ist. Ein *Iced Vanilla Latte* zwischendurch ist mitunter unumgänglich, um überhaupt weitermachen zu können. Den klimatischen Bedingungen hier verdankt das Unternehmen ganz sicher mit entscheidend seinen Umsatz.

Der Sunshine State – das Urlaubsparadies schlechthin. Ein wurmfortsatzartiges Gebilde, das ganz unten im Südosten der USA ins Meer hineinhängt. Die Welt als Halbinsel. Palmen, Sonne, rund 1500 Kilometer Strand. Es muss eine Geschichte vom Durchdrehen werden. So viel Sommer das ganze Jahr über ist nicht auszuhalten.

Andererseits: Eine Gegend, die den Beinamen „Wartehalle Gottes" trägt, strömt schon per se etwas Beruhigendes aus. So viele Amerikaner haben eingesehen, dass am Tod und am Älterwerden kein Weg vorbeiführt. Aber dass es, Herrgott nochmal, nun wirklich nicht bei schlechtem Wetter passieren muss. Und so haben sie sich hier eingefunden, im sonnigen Südosten, nahe der Karibik. Zeitweilig befand sich ein Drittel der Einwohner Floridas im Seniorenalter. Und hatte das entsprechende Geld dafür. Manchmal ist es nur der Winterwohnsitz. Während sich der Rest des Jahres in Pennsylvania oder New Jersey abspielt. Manche aber leben immer hier und fliehen nur in den Hochsommermonaten in die Berge an der Grenze zu Kanada. Gigantische Luxussilos sind entstanden, unweit der Küste. Und auch das schon wieder ein amerikanischer Widerspruch in sich. Unattraktive Betonklötze, aber mit *doorman*. Der den Wagen für die älteren Leutchen aus der Tiefgarage holt. Ein

Entree wie im Hotel Adlon. Selbstverständlich Tennisplätze und Swimmingpool in der Anlage.

Aber es ist längst nicht mehr „Opas Florida", wie es früher schon mal hieß. Das ist nur eine der hartnäckigen Mythen über diesen Bundesstaat. Es stimmte zweifelsohne in den Jahrzehnten nach dem Zweiten Weltkrieg. Doch seit den Achtzigerjahren mit gestiegenen wirtschaftlichen Möglichkeiten – und der neuen Allgegenwart von Klimaanlagen – zogen viele junge Leute hierher. In Zahlen: Gerade mal siebzehn Prozent der Floridians haben das Seniorenalter erreicht. Demgegenüber sind einundzwanzig Prozent unter achtzehn Jahren. Natürlich auch dank vieler Immigranten mit schnell wachsenden Familien.

Florida hat zudem von allem etwas: von der Karibik und dem mittleren Westen, von den Südstaaten, der Ostküste und Lateinamerika.

Und die Hauptstadt Lateinamerikas ist – Miami. *The Latin Capital of the United States.* Manchmal wirkt es fast nicht mehr wie in den USA. Aber man kann beruhigt sein. Auf den Gebäuden wehen *Stars and Stripes.*

Das Lebensgefühl ist tropisch. Dafür sorgt schon das Klima. Die Frauen tragen wenig Kleidung und stellen ihre bloßen Schultern selbstbewusst zur Schau. Sie sind in jeder Minute Objekt der Betrachtung, der Begierde und Anlass für ihre männlichen Artgenossen, auf die Hupe zu drücken. Alles ist Teil eines großen Spiels, einer Inszenierung. „Miami Heat" ist nicht nur Titel der hiesigen Basketballmannschaft. Sie ist einfach überall. Was gern als „Latin Way of Life" umschrieben wird, trifft hier mit dem „American Way of Life" auf eine große Offenheit. Und auf die stille Gewissheit, dass Respekt und Bürgerrechte zumindest in der Verfassung stehen.

Auf der Straße gilt: Regellosigkeit. Fahren bei Rot, Halten bei Grün. Aber nein, der Vordermann telefoniert einfach gerade sehr angeregt und muss nebenbei noch den Weg suchen. Also wie soll er da Gas geben? Dafür hat man bitte Verständnis zu zeigen. Denn wir sind ja hier schließlich nicht irgendwo. Sondern in Miami. Überhaupt das Handy. Wer sich über seltsames Verhalten anderer Verkehrsteilnehmer wundert, braucht kaum noch durch eine Autoscheibe hindurchzuschauen. Man sieht in der Regel, was man ohnehin schon weiß. Der Fahrer hat das Telefon am Ohr. Oder zumindest in der Hand. Und schreibt eine *text message*. Oder eine E-Mail. Die meisten besitzen inzwischen ein BlackBerry oder iPhone oder Ähnliches.

Andererseits – und politisch nicht korrekt betrachtet: Es wäre manchmal einfach langweilig, im Stau zu stehen – ohne BlackBerry. Wann sollte man auch die vielen Mails und sonstigen Nachrichten beantworten, die pro Tag so eingehen? Es gibt natürlich auch hier die Fernsehspots, die Jugendliche vor den tödlichen Gefahren des *texting and driving* warnen sollen. Aber angesichts dessen, was im Straßenverkehr passiert – kaum vorstellbar, dass das jemals irgendjemand überhaupt zur Kenntnis genommen hat ...

Zum Alltag des Autofahrens gehört außerdem das Hupen. Wenn jemand die Kreuzung blockiert, zu langsam abbiegt oder bei Grün einfach nicht fährt, weil er oder sie in so ein spannendes Telefongespräch vertieft ist, gilt es, sich auf jeden Fall geräuschvoll bemerkbar zu machen. Es bringt meist gar nichts. Es ist eher eine der Art der Konversation. „Hallo, ich bin auch hier!" Die Autofahrer daneben fallen meist sogleich ins Konzert ein. Es ist ihre Art, sich zu artikulieren.

Dafür fallen mehrere andere Tätigkeiten einfach weg. Das Schalten etwa. Weil zum Glück die meisten Fahrzeuge Automatikgetriebe besitzen. Zum anderen aber auch das Blinken. Beim Spurwechsel oder Abbiegen wird davon kaum bis gar kein Gebrauch gemacht. Man muss also aufpassen.

Und sich darauf einstellen, dass jeder im nächsten Moment eine Straftat begehen kann. Oder man selbst eine begeht. Miami ist ein gutes Training für Umsicht im Straßenverkehr.

Die Beschimpfungen, die bei mangelnder Geduld aus dem Autofenster folgen, erklingen eventuell in Spanisch. Eine einfache mathematische Angelegenheit, denn das ist für sechzig Prozent der Einwohner die Muttersprache oder die Sprache ihres Herkunftslandes. Und für eine nicht offiziell gezählte Gruppe der einzige Weg, sich zu verständigen.

Englisch, wozu? So denken sich viele der Einwanderer. In Miami nicht nötig. Man braucht das nicht. Es gibt genügend spanischsprachige Fernsehsender und Radiostationen, Supermärkte und Autoverkäufer, Arbeitgeber und Angestellte, Hausbesitzer und Makler, Lehrer und Schüler. Und ganz schnell wechselt eine eben noch in Englisch geführte Unterhaltung ins Spanische, wenn man lieber unter sich sein will. Die Kassiererinnen der Drogeriekette CVS halten die Schlange ganz bestimmt mit einem Plausch in Spanisch auf. Was für den Rest der Bevölkerung, also jene ohne lateinamerikanische Wurzeln oder entsprechende Sprachkenntnisse, durchaus ein Grund zum Grollen ist. Aber wer es aus der unteren sozialen Schicht herausschaffen will, braucht – jedenfalls noch zusätzlich – Englisch. Und es gibt auch Hispanics, die angesichts der Widerwilligkeit gegen die Amtssprache Englisch den Kopf schütteln. Es ist der Ausnahmefall Miami. Wo die Behördenschilder nicht nur auf Englisch und Spanisch, sondern auch auf Kreolisch geschrieben sind, für die große Minderheit der Haitianer. Mit denen geht es natürlich meist auch auf Französisch.

Die größte Minderheit sind noch immer die Kubaner. Sie betrachten Miami ein wenig als ihren Besitz, und dafür gibt es natürlich handfeste politische Gründe. Aber sie bilden nur noch die Hälfte der lateinamerikanischen Einwanderer in Miami. Und sie sind längst keine heterogene Gruppe mehr. Jeder Zweite hat eine traurige Familiengeschichte über Verfolgung unter Castro zu berichten. Doch während die erste Auswanderergeneration noch immer zuverlässig republikanisch gewählt hat, ist das bei Kindern und Enkeln im Café Versailles an der 8. Straße von Little Havanna keinesfalls mehr selbstverständlich.

Wie die Sprache überhaupt mitunter nur eine dürftige Klammer für die vielen Nationen bildet, die sich unter dem Oberbegriff Latinos treffen. Kubaner und Venezolaner, Argentinier und Mexikaner, Kolumbianer und Puerto Ricaner sind sich durchaus nicht immer grün. Wie bei einem großen Kontinent nicht weiter verwunderlich und bei einer Fußballweltmeisterschaft gut zu beobachten. Hier in Miami sind sie alle beisammen, und man kann Lateinamerika wie in einem kleinen Modellbaukasten studieren. Ein große Mehrheit vieler Minderheiten regiert die „Republic of Miami".

Aber es bleibt eine hispanische Mehrheit. Und insofern lässt sich in Miami die Zukunft der Vereinigten Staaten betrachten. Denn noch in diesem Jahrhundert, so berechnen die Demographen, werden die Latinos in den USA insgesamt den größeren Teil der Bevölkerung bilden. Miami als Modell der Zukunft? Genau das. Städteforscher bescheinigen Miami aus diversen Gründen ein großes Potenzial. Nicht nur als „Latin Capital", sondern – auch deswegen – als „Global City".

Es ist schon die bloße geographische Nähe zu den Staaten Mittel- und Südamerikas, zu deren politischen Umbrüchen, die über die Jahrzehnte immer wieder neue Wellen von Einwanderern, von gestürzten Cliquen und Kapital in die Stadt geschwemmt und sie damit immer wieder geprägt und geformt hat. Die Nähe zu den Stätten der Unruhen und der Drogenkriege. Zuletzt jener in Kolumbien, der mit dem Kokain in den Neunzigern eine letzte riesige Geldwelle in die Stadt schwappen ließ. Der sie übrigens ihre heutige

Skyline mit zu verdanken hat. Und es ist abgesehen von den Cuban Americans auch die Vielfalt Lateinamerikas, die Miami so spannend macht. Andererseits haben damals viele weiße Nicht-Hispanics über die Jahrzehnte Miami verlassen. Und folgerichtig hieß ein Auto-Aufkleber seinerzeit: „Will the last American to leave Miami please bring the flag!"

Juni

DIESER IRRWITZIGE VERRÜCKTE GLANZ VON SOUTH BEACH. Die ewige feuchte Wärme, die Palmen, der blaue Himmel und das Meer. Rundherum Wasser. *Fool's paradise.** Die Luft, dick wie ein Kuchenteig. Süß und salzig. Zwei Atemzüge reichen – und alles ist anders. Man ist angeschlossen an den Kreislauf des Lebens. Man taucht ein in diese andere, entspannte Welt. In der sich niemand über den Lärm oder die Hitze aufregt. Die scheinen gottgegeben. Es gilt, mitzuschwimmen bis zum Ozean – und dort ins Wasser zu tauchen. Das Meer wie ein gigantischer Blue Curaçao. Was macht man nur mit ihm? Man möchte ihn austrinken.

Miami Beach, Ocean Drive. Es fängt schon bei den Temperaturen an. Mit Nächten, die es im Sommer kaum unter dreißig Grad schaffen. Mit blauem Himmel, Palmen und blühenden Blumen, selbst dann noch, wenn im Rest der USA graue Eiswüste herrscht. Wer aus dem kalten New York fast drei Stunden herunterfliegt, kommt ziemlich sicher hierher an den Ocean Drive. Und für viele gehört zumindest das Reden über *Sex on the Beach* dazu.

Auf der anderen Seite vom Strand reihen sich über zehn Blocks die Hotels und Restaurants in den rekonstruierten pastellfarbenen Art-déco-Bauten aneinander. Ein perfekter Ort für Nachtschwärmer. Der Ocean Drive ist genau genommen die Partymeile von South Beach, eine einzige Aneinanderreihung von Hotels und Restaurants mit ihren lauten bunten Vorgärten, durch die sich Abend für Abend,

---

* Buchtitel von Steven Gaines.

Nacht für Nacht die Menschen drängeln, mit wechselnder Musik beschallt, vor jedem einzelnen Etablissement aufs Neue angesprochen, und von knapp bekleideten *waitresses* bezirzt. „Hey, how are you doing, do you like dinner ..." Und sie können wirklich aufdringlich sein. Man lernt bald, das an sich abperlen zu lassen. Einheimische gehen sowieso nicht hierher. Jedenfalls nicht zum Essen. Touristen-Abschlepp, so lautet der Vorwurf. Aber wenn man den Strand und die bunte, laute, tropische Atmosphäre liebt, kann man hier wirklich schön sitzen. Und schauen. Touristen hin oder her, für viele ist es schlicht der Inbegriff von South Beach, und das ist nicht ganz falsch. Aufgepasst bei der Happy Hour. Einer sehr verbreiteten Einrichtung, nicht nur in Miami, und mehr oder weniger die einzige Möglichkeit, in der Öffentlichkeit bezahlbaren Alkohol zu trinken. Meist gilt *2 for 1*. Also zwei Drinks für den Preis von einem. Das heißt am Ocean Drive nicht selten: Sie bekommen so etwas ähnliches wie einen gläsernen Eimer Mojito. Für 22 Dollar. Und den zweiten Eimer bekommen Sie geschenkt. Wenn Sie den noch schaffen. Aber Sie können ihn sich auch abfüllen lassen, aus den völlig überdimensionierten Gläsern. Und haben dann einen *Mojito to go*. Den Sie zum Beispiel auch am Strand leeren können. Dort herrscht zwar Alkoholverbot, aber das kontrolliert nachts nun wirklich niemand. Jedenfalls nicht die ganze Nacht.

Besonders viele bleiben am Ocean Drive vor dem Mango's stehen. Für viele der Inbegriff der Tropen. Restaurant und Nachtclub, wilde Farben, laute Musik. Und vor allem – der Hingucker. Diese Attraktion hat nämlich sonst niemand zu bieten. In knappen, dünnen Tigeroutfits tanzen die Bardamen abwechselnd auf dem Tresen. Und das ist hier Programm. Salsa, Merengue, Samba. Allein oder zu dritt, mit Partner oder ohne. Eine von ihnen ist Maribel, sie kommt aus Peru und arbeitet seit sechzehn Jahren im Mango's. Als

Barfrau und Tänzerin. Für sie völlig normal. „Man bedient die Leute, und dann sehen sie dich tanzen und sagen: Hey, tanzt du da oben? Das ist meine Barfrau, die da tanzt!"

Vor zwanzig Jahren, als der Club gegründet wurde, ist das spontan entstanden. Als Live-Bands hier spielten, sprangen ein paar von den Barleuten auf den Tresen und begannen einfach zu tanzen. Sie alle sind Lateinamerikaner. Die Kubaner, die Salsa und Merengue tanzen, die Kolumbianer mit Bachata, die Brasilianer mit ihrem Samba. Sie tanzen ihr Leben lang, seit sie kleine Kinder waren. Und dann kommen sie hierher nach Miami und machen das, was sie ihr ganzes Leben gemacht haben – und sie werden zu Stars „Es ist kein Konkurrenzkampf, aber wenn du auf der Bar stehst und mit jemandem dort oben tanzt, dann versuchst du, am besten auszusehen. Jeder will das. Die Leute schauen dich an, und du musst lächeln. Und du musst das genießen, was du tust."

Es ist ein bisschen das „Magic Kingdom" von Miami, räumt Joshua Wallack, der Manager, ein. In Orlando gehen die Leute in die Disneyparks. In Miami gehen sie ins Mango's. Joshua ist der Sohn des Inhabers und Gründers David Wallack, und wenn man ihm Glauben schenken darf, dann haben beide die perfekte Vater-Sohn-Beziehung. Der eine der Mann für die Ideen und Visionen. Der andere für das operative Geschäft. David Wallack galt als eine der vielen Ausnahmeerscheinungen in South Beach. Ein Mann mit Jura-Abschluss und Studium fernöstlicher Philosophien. Ein Freund von Künstlern und Hippies, zugleich mit guten Kontakten in die Politik, spielte er auch seine Rolle, als es um die Rettung des vom Untergang bedrohten Art-déco-Viertels in South Beach ging. Im Mango's werden heute tropische Träume verkauft. Die Stimmung ist gut. Es ist ein Beispiel für den lateinamerikanischen „melting pot" Miami.

Vom tropischen Klima begnadet – und manchmal gepeinigt –, hat es Miami in den vergangenen einhundert Jahren zum Anlaufpunkt für alle gebracht, die vor etwas fliehen oder lieber in der Sonne Geschäfte machen wollten. Für Spieler und Kriminelle, Prominente und Millionäre, für Drogenbosse und Mafiakiller war die Stadt attraktiv. Von Millionen Exilanten und Touristen, von Pensionären und Partygängern ganz zu schweigen. Auch Frank Sinatra lebte hier – auch ihm wurden beste Verbindungen zur Mafia nachgesagt.

Der Rumschmuggel und das Glücksspiel – es waren zwei Quellen des Wohlstands für Miami Beach. Der Ort für Gangster und Glücksritter. Ein Eldorado am Ende der Welt. Unter gleißender Sonne. So nahe am Äquator wie keine andere Stadt auf dem Festland der Vereinigten Staaten. Gegründet 1915 als Ferienort. Schon damals. Auf diesem Streifen Sand zwischen Biscayne Bay und Ozean. Und schon bald im Ruf, ein großer Kinderspielplatz für Erwachsene zu sein. Ausgenommen von allen Regeln der Moral und des Rechts. Eine Stadt – schon immer interessant für Spieler und Ganoven. Und in mancher Hinsicht eine Art *last frontier*.

Wer hierher kam, wollte neu anfangen. Und war bereit, ein Risiko auf sich zu nehmen. Weniger diejenigen, die im Sinne der Gründerväter Amerikas religiöse und politische Freiheit suchten, kamen nach Miami Beach. Sondern jene, die nach Ruhm und Berühmtheit strebten. *A sunny place for shady people,* so schrieb Sommerset Maugham über Monaco. Er hätte damit – so meint der Journalist Gerald Posner – genauso gut Miami Beach beschreiben können.

***

Der Mann auf dem kleinen Foto auf der hinteren Umschlagseite wirkt wie ein typischer amerikanischer Präsidentschaftsbewerber. Eine Mischung aus John Edwards und John Kerry vielleicht. Alles in allem in einem konventionellen Sinne gut aussehend. Es ist ein Foto des Autors von vor etwa dreißig Jahren. Er hat inzwischen ein dickes Buch geschrieben, dessen knalligem Einband man sich nicht entziehen kann. Das Buch steht prominent aufgebaut in einem gar nicht so kleinen Laden an der Lincoln Road. Wenn man in den Raum schaut, in dem die Literatur über Florida angeboten wird, sticht der Umschlag sofort ins Auge. „Sins of South Beach". Was sonst soll man lesen wollen, wenn man schon mal hier ist. Unter dem Titel ein Bild vom Ocean Drive mit seinen Art-déco-Bauten in knalligen Bonbontönen. Davor ein gelber Porsche. Farben und Lichterglanz. South Beach bei Nacht.

Ich hatte gefühlt schon eine Ewigkeit in dieser Filiale von Books & Books verbracht. Gleich bei meinem allerersten Besuch. Es ist eine Oase im Großstadtgewühl. Ganz besonders an jenen Tagen und Wochen im Sommer, in denen sich das Thermometer kaum mal unter 35 Grad bewegt. Bei achtzig Prozent Luftfeuchtigkeit, versteht sich. Die ganze Welt gleicht einem überdimensionierten Backofen, mit dem man sich irgendwie arrangieren muss. Man kann ihm hierher entfliehen. Wo es nicht nur kühl ist. Wo sie sich genaue Rechenschaft darüber ablegen, welche Musik zu welcher Tageszeit in den *player* kommt. Sonntagmittags zum Beispiel: leichter Jazz. Man könnte stundenlang zwischen den hohen, schwarzen, sorgfältig sortierten Regalen stöbern und lesen. Die kühle Luft einatmen, und den Geruch von Glanzpapier. Allein das.

Books & Books ist eine Erfolgsgeschichte der eigenen Art. Gegründet vor mehr als 25 Jahren, expandiert der Laden. In einer Ära, in der die Buchgeschäfte in den Vereinigten Staaten schwere Zeiten durchmachen – und das nicht nur wegen der E-Books –, hat diese kleine Kette mehrere neue Filialen eröffnet. Mitchell Kaplan ist der Begründer und Inhaber und eine Art intellektueller Institution in Miami. Er ist hier in Miami Beach geboren, er ist hier in einer jüdischen Familie mit Büchern aufgewachsen, er hat die Miami Book Fair gegründet, inzwischen eine der wichtigsten Buchmessen in den USA, und wenn man Professoren der Universität Miami interviewt, kann man sicher sein, dass einer von ihnen Kaplan herzlich grüßen lässt. „Er war einer meiner besten Studenten ...!" Das Geheimnis? Die Läden unterhalten enge Kontakte zu den Autoren und zu den Lesern, sie glauben an diesen Ort, an den die Buchliebhaber kommen, und sie glauben an sich als eine Institution in der Community.

Nein, es gibt keinen Kaffee und auch keine Tische, auf denen man seinen Laptop aufbauen könnte. Wie in anderen, größeren Buchketten inzwischen üblich. Aber es ist dennoch eine Lust, hier zu sein. Die Einbände zu genießen, die je nach Aufwand der graphischen Gestaltung extra für das Auge des Lesers drapiert werden.

Die Bildbände. Die kulturgeschichtlichen Ausführungen über den Bikini. Oder über Hollywoodstars, die hier ihren Urlaub verbrachten. Oder hier lebten. Wie Frank Sinatra. Gut sortierte Abteilungen mit Geschichte und Religion. Mit Politik und Musik. Über Models und Sportler. Für Erwachsene und Kinder. Und für Leute mit Interesse an Lokalkolorit.

So wie mich. Ich hatte schon fast zwei Stunden hier verbracht und war mit drei Büchern glücklich auf dem Weg zur Kasse, als ich entdeckte, dass ich den ganzen Raum mit Literatur über Miami völlig übersehen hatte. Ich war gerade erst ein paar Tage in der Stadt. Und das sollte jetzt eigentlich zum Standardprogramm gehören. „Sins of South Beach" sprang mir sofort ins Auge. Genau so war das von den Buchhändlern ja auch gedacht.

Es ist die Geschichte des früheren Bürgermeisters der Stadt Miami Beach, Alex Daoud. Der in einem dicken Wälzer seinen eigenen Aufstieg und Fall erzählt. Und anhand dessen ein Stück Geschichte der Stadt. Vor allem die der Achtzigerjahre. Die Geschichte vom Aufstieg eines hoffnungsvollen Nachwuchspolitikers – und einer ziemlich heruntergekommenen Kommune. Die weit bessere Tage gesehen hatte und irgendwann wieder an die alten Glanzzeiten anknüpfen konnte. Während seine eigene, einst vielversprechende Karriere statt im Senat in Washington hier unten im Sumpf der Korruption endete. Eine Geschichte von Sünden jeder Art und in jedem Sinne. Fesselnd geschrieben, wie ich bereits vor dem Regal stehend feststellte. Ich wollte das Buch gar nicht mehr aus der Hand legen.

Seit dem Betreten dieses Raumes war es jedoch mit der schönen Atmosphäre seltsamerweise vorbei. Ein junger Typ plapperte ständig auf die Mailbox von irgendjemandem. Und machte sich ordentlich wichtig. Tat so, als sei er hier zu Hause. Wahrscheinlich ein Angestellter. „Fantastic book!", hauchte er von hinten, während ich noch immer wie angewurzelt mit den „Sins of South Beach" dastand. „Sind sie aus Südflorida?" – „Nein, aus Europa, ich bin hier zu Besuch", gab ich unwirsch zurück. „Fantastic!"

Der ging mir dermaßen auf die Nerven. Aber er war erst mal still. Ich begann gerade zu hoffen, die Stunden geruhsamen Schmökerns würden doch noch nicht vorbei sein, da quatschte schon der Nächste los. Ein Riesenkerl mit der leider für Amerika ebenfalls typischen Fettleibigkeit. O Gott! Ich hatte ein Nest von Quälgeistern aufgescheucht. Aufdringliche Gestalten, die auf gar keinen Fall Ruhe geben wollten.

„Hey, what's your name?", erkundigte sich der Riese schwungvoll und mit dröhnender Stimme. Als sei ich nicht im Buchladen, sondern bei einer Wahlkampfveranstaltung. „And what's YOUR name?", fauchte ich ungnädig. „I'm Alex! I am the author, and this is my son." Ha, ha, und ich bin Hillary Clinton.

Gut, die Amerikaner haben einfach viel Sinn für Humor. Mit dem Foto auf der Umschlagseite hatte der Mann jedenfalls nicht viel zu tun. Ich wendete mich wortlos ab. Dann begannen beide, die Bücher stapelweise aus dem Regal zu nehmen und mit Aufklebern zu versehen. Signiert vom Autor, stand da drauf. Der Riese holte einen Stift aus der Tasche und machte sich an die Arbeit. Sollte der etwa doch ...

Ich schlich besorgt zur Kasse. „Dieser Mann dort behauptet, er sei Alex Daoud, der Autor dieses Buches und der frühere Bürgermeister von Miami Beach ...", flüsterte ich unsicher. „Ja, ja, das Leben hat Spuren hinterlassen", sagte der Mann vor mir in der Schlange gedehnt. „Aber das ist er. Er war im Gefängnis. Nicht für Gewalttaten, sondern wegen Bestechung. Er hat nicht viel anderes. Das hier, das ist vermutlich sein Leben. Er kommt herein und schaut nach seinen Büchern. Verstehen Sie? *He's lost!*" Oje, wie peinlich. „Wissen Sie, ich bin Journalistin aus Deutschland", erklärte ich bestürzt „vielleicht hätte ich ja noch mal gern ein Interview mit ihm gemacht ..." – „Er wird bestimmt mit Ihnen reden. Das würde ihm den Tag versüßen!", gab sich der Mann an der Kasse betont cool. „Und ... – Sie brauchen sich wirklich nicht bei ihm zu entschuldigen."

Wenn man dauernd Dinge erlebt, die so klingen, als seien sie ausgedacht, weshalb muss man dann eigentlich überhaupt noch etwas selbst erleben? Und denkt sich nicht gleich alles aus. Wer erkennt den Unterschied? Und was macht den wirklichen Wert aus? Wenn im Prinzip alles erlebbar ist, könnte alles, was man frei erfunden hat, genauso gut – auch genau so passiert sein. Interessant ist es eigentlich nur für die eigene Wahrnehmung.

Das Gefühl, jemand stellt dich mal kurz auf die Straße, in ein Geschäft oder in ein Hotel, aber nicht einmal das ist manchmal nötig, und schon passieren Geschichten, die klingen wie für ein Buch erfunden. Kitschiger als jede Sonnenuntergangs-Postkarte. Die hier auch nur noch von der Realität übertroffen wird.

Natürlich entschuldigte ich mich bei Alex. Er hätte sonst auch keine Ruhe gegeben. Allerdings erst einen Monat später. Als ich mir ein Herz fasste und ihn anrief. Er flirtete mit sehr überzeugend gespielter Kränkung in der Stimme und fragte, weshalb ich so gemein gewesen sei. „Why are you so mean to me, Bettina?" Es war alles ein Spiel, aber es war auch ein bisschen Ernst. Schließlich wollte ICH ja noch etwas von ihm. Etwas erzählt bekommen. Wenn möglich ins Mikrofon. Die Machtverhältnisse waren geklärt. Daran erkannte man unzweifelhaft den einstigen Profi-Politiker.

Daoud muss in den Achtzigerjahren eine Art Superstar gewesen sein. Als Bürgermeister dieser eben gerade noch im Abschwung befindlichen Stadt. Er saß von 1979 bis 1985 in der *city commission* und hatte viele Entscheidungen mit zu vertreten. 1985 wurde er zum Bürgermeister von Miami Beach gewählt – und noch zwei Mal wiedergewählt. Das gab es hier noch nie zuvor. Daoud ist auch ein Gewächs der Stadt. In Miami Beach geboren, als Kind von Eltern, die als Katholiken aus dem Libanon in die USA gekommen waren und in den Vierzigerjahren eine Galerie auf der Lincoln Road betrieben, in der sich die Prominenz, die Künstler und Hollywoodstars die Klinke in die Hand gaben, wenn sie hier in Miami einfielen und ihren Urlaub verbrachten. In einer Zeit, als die Stadt als angesagtes Ferienparadies boomte. Daoud war schwer krank als Kind, er überlebte nur knapp, und wurde zur Kräftigung ins Boxtrainig geschickt. In den berühmten *5th street gym*, einem Studio an der 5. Straße und Washington Avenue in Miami Beach. Geleitet von den beiden Brüdern Chris und Angelo Dundee. Genau von denen, die den Grundstein des Erfolgs einer späteren Boxlegende legten. Genau hier begegnete Dauod dem schwarzen Cassius Clay. Er trainierte mit ihm und freundete sich mit ihm an – in einer Zeit, als es noch nicht normal war, mit Schwarzen zusammen zu boxen. Oder irgendetwas gemeinsam zu tun. Daoud musste sich rechtfertigen dafür und war schon damals entsetzt. Während Cassius Clay auf dem Weg nach Hause vom Training in der hintersten Reihe des Busses sitzen musste. In Miami Beach zu wohnen – das ging schon mal gar nicht. Bis weit in die Sechzigerjahre hinein. Aber 1964 holte Cassius Clay hier in Miami Beach seinen ersten Weltmeistertitel. Und bekannte sich kurz darauf zu seinem neuen Glauben und seinem neuen Namen.

„Wir haben aus Cassius Clay Muhammad Ali gemacht!" Darauf ist man in Miami stolz. Und als ich Alex Daoud frage, worauf er am meisten stolz ist in seiner Zeit als Bürgermeister, kommt er genau darauf zu sprechen. Und nimmt mich mit ins Kongresszentrum der Stadt, wo nun seit 1991 eine Gedenktafel hängt – in Erinnerung an diesen Boxkampf in der „Muhammad Ali Hall of Champions". Dafür hat Daoud gesorgt. Es war ihm wichtig nach den Erfahrungen der Rassentrennung in der Stadt. Und vielleicht auch, weil er etwas Bescheidenes sagen möchte. Immerhin ist er am Ende seiner dritten Amtszeit wegen Korruption verurteilt und für anderthalb Jahre ins Gefängnis gebracht worden. Und das auch nur wegen umfassender Zusammenarbeit mit der Staatsanwaltschaft.

Miami und Korruption – irgendwie gehört beides untrennbar zusammen. Man würde das natürlich nie so sagen. Man schaut ein bisschen weg. Oder man hilft Freunden. Oder so. Es ist bis heute immer wieder Thema, immer wieder werden Kommunalpolitiker aus ihren Ämtern befördert. Man weiß nie so ganz genau, was eigentlich abgeht. Der „Miami Herald" ist eine der Kräfte, die versuchen, gegenzuhalten. Aber auch sie mussten personell abspecken und haben nicht immer Erfolg.

Daoud beschreibt in seinem eigenen Buch die in den Siebzigerjahren aus wirtschaftlichen Gründen heruntergekommene Kommune. Denn das Ferienziel Miami Beach war längst nicht mehr DAS Eldorado. Andere Reiseziele waren dank gesunkener Flugpreise inzwischen interessant und erschwinglich geworden. Die Disneyparks in und um Orlando zogen jede Menge Kaufkraft, Interesse und Touristen ab. Das Glücksspiel wurde weitgehend eingeschränkt und Las Vegas in der Hinsicht zur großen Konkurrenz. Die kleinen, einst schicken Hotels in South Beach aus den Dreißigerjahren erschienen völlig unmodern und waren heruntergekommen. Es fehlten das Geld und der Wille, sie instand zu setzen. Sie waren vermietet an ältere, mittellose, meist jüdische Bewohner. Für vierhundert Dollar im Monat lebten sie in den kleinen Hotelzimmern und bekamen dazu auch noch ein tägliches Essen. Ungefähr so viel, wie man heute im Victor's oder im Tides's Hotel für eine Nacht bezahlt. Davon konnte kein Haus unterhalten werden. Und dann beschreibt Daoud, wie 1980 die nächste Plage über die Stadt hereinbrach, die so von einem weiteren Problem heimgesucht wurde. Obwohl alle dachten, schlimmer kann es nicht mehr kommen. Mit dem *Mariel boatlift* entließ Fidel Castro mehr als einhunderttausend politische Gefangene aus Kuba in die USA. Was er nicht dazu gesagt hatte – unter den Entlassenen befanden sich auch Tausende Schwerverbrecher, verurteilte Mörder, Kriminelle aus geschlossenen Anstalten, die nach ihren Erlebnissen in Kuba nichts mehr schrecken konnte. Castro lachte sich offenbar eins ins Fäustchen. Tausende Verbrecher wurden auf US-Staatskosten in den heruntergekommenen Bauten von South Beach untergebracht. Daoud schwillt heute noch der Kamm, wenn er darüber spricht. Eine Welle der Gewalt überrollte die Stadt, die Gefängnisse waren überfüllt, und Washington wollte von dem Drama nichts wissen. Darüber ist Daoud bis heute entsetzt.

Und als Demokrat besonders über den damaligen demokratischen Präsidenten Jimmy Carter. Was geschah, beschreibt er auch in seinem Buch. Die oft gebrechlichen jüdischen Rentner waren leichte Beute. Eine von ihnen war Elsie Cohen, eine kleine ältere Dame, der Alex Daoud gelegentlich bei Rechtsstreitigkeiten mit ihrem Vermieter geholfen hatte. Der sie auf die Straße setzen wollte. Elsie hatte ihre KZ-Nummer noch auf dem Arm eingebrannt. Ihren Mann hatte sie dort verloren. Nur seine goldene Uhr war ihr geblieben, die sie seither selbst am Arm trug. Eines abends, als Daoud die Polizeistreife begleitete, um sich ein Bild von der Lage zu machen, fanden die Männer sie. Eine über achtzig Jahre alte Frau, zusammengeschlagen am Straßenrand liegend, vergewaltigt, blutüberströmt. Neben ihr eine Papiertüte, aus der ein paar Einkäufe quollen. Ein paar Straßenzüge weiter sah man drei Männer weglaufen. Einer von ihnen hatte die Uhr am Arm, die einzige Erinnerung, die Elsie Cohen an ihren Mann geblieben war. Sie hatte den Holocaust überlebt, um nun in einer Blutlache in Miami Beach zu enden. Im Jahre 1980. Als Opfer eines brutalen Raubüberfalls. Es war der Moment in dem Daoud durchdrehte. Der für ihn eine Initialzündung setzte. Er ging dem Typen mit der Uhr an die Gurgel und brachte ihn fast um. Als trainierter Boxer fing er in dieser Nacht an, gemeinsam mit den Kollegen der Polizeistreife die Kriminellen zusammenzuschlagen und aus der Stadt zu bringen. Nacht für Nacht. Eine Methode, die strafrechtlich nie geahndet wurde, aber irgendwann den gewünschten Effekt zeigte. Die Verbrechensrate in Miami Beach ging zurück. Damit war die Grundlage für den Neubeginn in der Stadt gelegt, so jedenfalls beschreibt es Daoud.

***

Noch etwas anderes wurde später in den Achtzigern entscheidend für den Wiederaufstieg von South Beach. Man kann sich dazu ein Video im Internet ansehen. Memorial Weekend 1986 bei auf einer Open-Air-Veranstaltung in Miami Beach. Die Menge jubelt, Frauen sitzen im Bikini auf den Schultern ihrer Begleiter. Bürgermeister Alex Daoud kommt auf die Bühne gerannt und kündigt die Hauptattraktion des Tages an – „Ladies and gentlemen, number one star in the United States, Don Johnson ..." – und dann kommt er, der kleine Mann mit Sonnenbrille: „Everybody having a good time ...?" Das Publikum tobt, der Star aus „Miami Vice" höchstpersönlich in Miami Beach, jener Stadt, in der die Kult-Serie vor allem gedreht wird und die von ihr entscheidend profitiert. Das alte Urlaubsparadies ist zurück in den Wohnzimmern der Amerikaner. Jeden Donnerstagabend. Miami Beach wird bald wieder Kult. Stars, Sternchen, viele Prominente kommen, es ist schick, hier einen Club zu eröffnen oder sich sonst blicken zu lassen.

1990 kommt Gianni Versace, er kauft ein Haus am Ocean Drive, wo er sieben Jahre später erschossen wird. Die Hintergründe bleiben weitgehend ungeklärt. Er sorgt aber dafür, dass das News Cafe an der 8. Straße, in dem er jeden Morgen seine Zeitungen kaufte, auch zum Kult wird. Es hat rund um die Uhr geöffnet, man bekommt internationale Zeitungen, es ist das einzige, das im Tropen-Tierpark mit all seiner *Latin music* klassische Musik spielt und so tut, als sei man hier in New York. Oder wenigstens in Europa. Während auf dem ganzen Ocean Drive Wasser in die Ventilatoren gesprüht wird, um mit diesem Zerstäuber-Effekt die Luft unter freiem Himmel zu kühlen, verzichtet das News Cafe auf diese klimapolitisch wahrscheinlich völlig unkorrekte Maßnahme. In brütender Hitze sitzen dort zum Frühstück am Sonntagmorgen dennoch die Gäste, sodass man kaum einen Platz bekommt. Der Laden ist halt was Besonderes.

Bürgermeister Daoud sorgt bei „Miami Vice“ für sämtliche Drehgenehmigungen, Don Johnson und die Crew dürfen mit ihren Schlitten auch privat alle Geschwindigkeitsbegrenzungen außer Kraft setzen. „Wie viel Koks hatte er an jenem Nachmittag intus?“, frage ich Daoud harmlos. „Ich weiß es noch ganz genau“, antwortet er widerwillig. „Und ich weiß auch noch genau, wie viele Frauen im Spiel waren!“ Über „Miami Vice“ will der Ex-Bürgermeister nicht mehr gern allzu viel reden. Man hat ihm damals vorgeworfen, nicht nur der Stadt zu Ruhm zu verhelfen, sondern auch seine eigene Karriere mit dem Erfolg einer Fernsehserie verknüpfen zu wollen. Zweimal hat er sogar selbst mitgespielt. Und Sie können davon ausgehen – an den Abenden, an denen diese Folgen liefen, waren die Straßen von Miami Beach leergefegt.

Dann folgte sein Abstieg, er, dessen Karriere im Senat in Washington beinahe vorgezeichnet schien, wanderte in den Knast. Er brauchte vierzehn Jahre, um danach wieder auf die Beine zu kommen und sein Politikerleben in jenem Buch zu verarbeiten, das nun in den Geschäften ausliegt.

Was man in verschiedenen anderen Büchern über South Beach nachlesen kann – wie es ist, mit Alex Daoud über die Lincoln Road zu schlendern. Und es stimmt. Die Leute erkennen ihn immer noch und sprechen ihn an. Und, so scheint es, mögen ihn noch immer.

***

Als die Putzfrau wenig später in Roberts Apartment im Decoplage kommt, bin ich natürlich noch nicht mit Packen fertig. Zum Glück geht es an diesem letzten Tag im Juni nur zwei Stockwerke höher im Decoplage. Das heißt, man kann sich einen der berühmten *carts* ausleihen. Einen dieser riesigen Kofferwagen mit großen Messingbügeln, die jedes größere Hotel und auch jedes bessere Apartmentgebäude zur Verfügung hat. Die fand ich schon immer sehr beeindruckend. Sie verschaffen einem sofort ein sehr komfortables, luxuriöses Reisegefühl. Man kommt sich gleich vor wie in den Vierzigern. Dazu passt das typische Kopftuch mit Sonnenbrille. Elegante Kleidung versteht sich.

Gegen ein paar Dollar sind die Koffer-Boys aus der Empfangshalle in der Regel auch sehr gerne bereit, zu helfen. Ich habe eigentlich immer mein ganzes Gepäck für ein Jahr darauf untergebracht. Drei unterschiedlich große Koffer, die in der Zwischenzeit noch Nachwuchs bekamen, plus diverse kleinere Taschen, Tüten und eine jeweils wechselnde kleinere Kaffeemaschine. Ich habe in Amerika nicht weniger als fünf Stück angeschafft. Als ich nach Deutschland zurückkam, war ich mit den Kaffeemaschinen fertig.

Dieses Mal, es war mein erster Umzug, blieb die Kaffeemaschine noch beim Vermieter im Apartment. Der selbstverständlich auch selbst eine zur Verfügung gestellt hatte. Aber in meinen ersten Begegnungen mit dem Phänomen der amerikanischen Küchen war sofort klar – eine gebrauchte Kaffeemaschine, die vermutlich bereits monatelang unbenutzt in den nach Essig riechenden Oberschränken verbracht hatte, war nicht in Betracht zu ziehen. Die kam nicht nur alphabetisch kurz vor Kakerlaken.

Auf jeden Fall erstaunlich, wie viel Kram sich während nur eines einzigen Monates ansammelt, überlegte ich, während ich meine Sachen zusammensuchte. Bücher, Prospekte, Büromaterial. Strandsachen. Sonnenschirm. Glücklicherweise brauchte ich alles nur auf den *cart* zu werfen, ihn die mit Teppich ausgelegten Flure entlang zum Fahrstuhl zu schieben und auf den Knopf zu drücken. Zwei Etagen darüber wartete schon das neue Heim. Das nächste.

Währenddessen begann die *cleaning lady* bereits, im Bad loszulegen. Es war das erste Mal, dass ich dieses Wort hier hörte. *Cleaning lady.* Was für eine charmante Umschreibung. Und es war das erste Mal, dass ich hier einer Person begegnete, für die es die beiden einzigen Worte Englisch waren. Ein Phänomen, mit dem es sich in Miami auseinanderzusetzen gilt. Spreche ich genügend Spanisch? Will ich es besser lernen? Oder beharre ich darauf, für ein Jahr in die USA gegangen zu sein, um dort Englisch zu sprechen? Sonst hätte man ja auch die Kanarischen Inseln nehmen können. Andererseits, in Miami spricht man nicht einfach Spanisch. Sondern die Vielzahl aller Dialekte, Akzente und Betonungen, die in Lateinamerika zu hören sind. Das zu unterscheiden – eine Aufgabe für den Profi.

Robert, mein Vermieter, behauptete allerdings, Rosy, seine *cleaning lady*, würde nur so tun, als verstehe sie nichts. Sie blieb auch immer sehr freundlich und lächelte, und sie gehörte einer großen Gruppe in Miami an, die sich beharrlich weigern, etwas anderes als ihre eigene Muttersprache zu benutzen. Es geht schließlich auch immer irgendwie mit Körpersprache. Den Kopf schütteln, lächeln, auf die Uhr zeigen, mit den Fingern Zahlen zeigen. Wer irgendeine Sprache nicht ganz so gut versteht – bei der Menge der illegalen Einwanderer aus aller Herren Länder –, das Nötigste haben noch immer alle so hinbekommen.

Rosy putzte das Bad, in dem sich zu meinem Schrecken weit mehr Strandsand angesammelt hatte, als ich gern zugegeben hätte. Andererseits hatte sie in diesem Haus, das ebenfalls den Ruf einer Partymeile genoss, ganz bestimmt schon schlimmere Apartments als meins gesehen.

Auf dem üblichen Granit-Tresen in der Mitte des Studios stand aufgeklappt mein Laptop. In Deutschland war die Abstimmung noch immer nicht vorüber. Es war gegen zwölf Uhr mittags in Miami, also früher Abend in Mitteleuropa. In Berlin versuchte die Bundesversammlung gerade, einen Bundespräsidenten zu wählen. Mit nicht sehr viel

Erfolg. Nach dem zweiten Anlauf noch immer vergeblich. Die Situation war ein wenig grotesk. Ich in Florida mit meinem *granite counter top*-Tresen – und darauf breitete sich, wie auf einer kleinen Insel, das ganze Drama in meiner Heimat aus.

Darunter hätte ich es auch nicht gemacht und hätte mich nicht schon wieder in die Niederungen deutscher Innenpolitik begeben. Die ich – aufgrund derzeit spannender Angebote in meiner unmittelbaren Umgebung – eine Zeit lang hinter mir zu lassen gedachte.

Ich hätte davon normalerweise auch nichts mitbekommen. Die amerikanischen Fernsehsender berichteten eher weniger aus Deutschland, ebenso die Zeitungen. Aber im Zeitalter des allgegenwärtigen Internets stellt sich die Sache natürlich anders dar. Ich musste zwei Wochen lang beim Anschalten des Laptops buchstäblich die Augen zukneifen: Als Startseite war die Homepage meines Senders eingerichtet. Für deren Inhalte ich mich im Augenblick nicht sonderlich interessierte. Natürlich hatte ich schon davon gehört, dass man diese Seite auch ändern können soll. Aber eigentlich – war es denn so schlimm? Offenbar hatten andere Dinge Vorrang. Und so begab es sich, dass mir eines Morgens dann doch ein Satz ins Auge stach. Bundespräsident zurückgetreten. Und zwar aufgrund eines Deutschlandradio-Interviews. Mit einem Kollegen, den ich seit vielen Jahren kannte. Ich fiel fast vom Stuhl.

Plop, da hatte mich die Heimat für kurze Zeit wieder. Ich las die Meldungen und hörte die Kommentare. Inzwischen haben wir etwas mehr Erfahrung mit solchen Rücktritten, aber in jenem Sommer sah die Sache noch etwas anders aus. Es schien sich möglicherweise um genau jenen Aufbruch zu handeln, der immer wieder für diese Jahre vorhergesagt worden war. Jedenfalls für das Aufbrechen von Strukturen. Dieser Bundespräsident war schließlich nicht irgendwer. Kein unerfahrener, sprunghafter Haudegen. Kein John McCain, dem man im letzten Präsidentschaftswahlkampf hierzulande vorgeworfen hatte, er sei *so erratic.* Wenn also schon jemand so Grundsolides wie Horst Köhler seinen Hut nahm und fluchtartig Schloss Bellevue verließ, ohne dass sich jemand so richtig den Grund erklären konnte, dann hatte das schon etwas zu bedeuten.

Auf dem *counter top* plapperte es noch immer aus dem Laptop. Die Live-Übertragung der Bundespräsidentenwahl nahm ihren Lauf. Seit man sogar Radio weltweit per Internet empfangen kann, sind kuriose Situationen wie diese möglich. Ich wanderte vor dem Tresen auf und ab, und wenn Rosy angeblich schon nicht Englisch verstand, verstand sie noch weniger Deutsch und machte sich über meine Aufregung lustig. Der CDU-Politiker Christian Wulff hatte auch im zweiten Wahlgang die erforderliche Mehrheit verfehlt. Das Fieber in Berlin war bis nach Miami zu spüren.

Sollte also tatsächlich in Deutschland die Revolution ausgebrochen sein und ein ostdeutscher Bürgerrechtler zum Staatsoberhaupt gewählt werden? Es gab mir einen kleinen Stich ins Herz. Wenn es so käme, wäre ich nicht vielleicht doch gern dabei gewesen? Ich war aufgebrochen nach Amerika, und meine Heimat brach währenddessen zu völlig neuen Ufern auf? Aber dieses Gefühl wurde schnell überlagert. Von der Überzeugung, dass dies ein sehr amerikanischer Denkansatz war. Nicht der kleine Anflug von Eifersucht. Sondern die Frage, welche Qualitäten eine Person in diesem Amt wünschenswerter Weise vielleicht mitbringen sollte. Ist Deutschland reif für so jemanden?

Einen Augenblick lang, in dem ich über meinen Granit-Tresen blinzelte, blitzte etwas auf von dem rauschhaften Gefühl, das die Menschen 1989 im Osten Deutschlands erlebt hatten. Plötzlich schien es möglich zu sein. Ein charismatischer Mensch. Kein Berufspolitiker. Einer, der wie kaum jemand für Überzeugungen stand. Und einstand. Der so etwas wie Sinn vermitteln konnte. Ein Prediger. Kurz, jemand wie Obama? Auch wenn der Vergleich nicht überzeugen konnte – wochenlang war in den deutschen Medien bereits vom „deutschen Obama" die Rede gewesen. Und auch wenn das in amerikanischen Ohren wahrscheinlich lächerlich klang, mir war völlig klar, worum es ging.

Es war keine zwei Jahre her, dass ich in Florida meine erste Reportage aus dem Präsidentschaftswahlkampf 2008 in die Heimatredaktionen überspielte. Mehrere Wochen war ich als Verstärkung für unseren Korrespondenten in Washington eingesetzt. Einige Tage reiste ich durchs Land. Erste Station schon damals – Miami. Eine mir zu dem Zeitpunkt noch fremde Stadt. Ich hatte nicht mal eine Ahnung, wie ich von meinem zentral gelegenen Hotel zum ebenfalls zentral gelegenen Government Center gelangen sollte. Ein paar hundert Meter Luftlinie entfernt, wo das *early voting* stattfand.

Als ich viel später wieder an dieser Stelle stand, war es ein wenig wie Köln ohne Karneval. Man kommt nach ein paar Monaten wieder hin und stellt verblüfft fest: Die Kulisse ist ja echt! Alles existiert wirklich. Und zwar auf diesem Planeten. Und nicht in einem Parallel-Universum. Die Kneipen, die Plätze, die Straßen. Nur dass eben gerade nicht Karneval ist.

So war es hier auch. Es herrschten karnevalsartige Zustände an jenen Tagen im Oktober 2008 vor dem Government Center. Einschließlich der Lieder, die mir tatsächlich aus dem Straßenkarneval bekannt waren. Nur eben in echt. Will heißen: dargeboten, gesungen, gespielt von Menschen mit Wurzeln in allen nur denkbaren lateinamerikanischen Staaten. Sie warben damals für das *early voting*, aber es war klar, dass die Mehrheit dieser überaus lauten, fröhlichen Gemeinde Obama ihre Stimme geben würde.

We are so excited, hieß es damals. Überall. Die Schlange vor dem Wahllokal wollte nicht enden. Es war ein Aufbruchsgefühl nach den Bush-Jahren, das sich umso sehnsüchtiger auf Barack Obama richtete. Bei den Demokraten und vielen, vielen Unabhängigen. Bei den Republikanern hatte 2008 der sprunghafte John McCain die Vorwahlen in Florida gewonnen. Die Begeisterung für ihn war mit der für Obama keinesfalls zu vergleichen. Viele schämten sich ein bisschen, anderen war er einfach zu moderat in seinen Ansichten. Aber selbst er verkörperte auf seine Art etwas von dem Versprechen jenes Herbstes. Das Aufbrechen überkommener Strukturen. Nur die Art und Weise, wie McCain ständig aus den Strukturen heraussprang, war den Wählern schlicht nicht zu vermitteln.

Die Obama-Euphorie hatte sich inzwischen gelegt in diesem Land, um es ganz nüchtern zu formulieren. Und dennoch hatte er eine Chance auf Wiederwahl. Denn vielleicht stehen die entscheidenden Dinge ja jetzt erst an. An jenem Juni-Nachmittag bekam Christian Wulff im dritten Wahlgang seine Mehrheit. Der Makel ist bald vergessen, erläuterte der Politikwissenschaftler in meinem Laptop-Radio. Dieses Land ist nicht reif für eine Art Bürgerrechtler als Staatsoberhaupt, dachte ich bei mir, und hatte keine weitere Sekunde meiner Abwesenheit zu bedauern. Es bekommt genau das, was zu ihm passt. Einen sympathischen, aber vielen irgendwie langweilig erscheinenden Parteipolitiker. Keine zwei Jahre später war der Bogen zu jenem Nachmittag in South Beach geschlagen. Der Bürgerrechtler-Präsident erhielt in Deutschland seine zweite Chance.

Juli

Für ein Jahr in ein anderes Land zu wechseln ist etwas völlig anderes, als am selben Ort den Urlaub zu verbringen. Oder eine Dienstreise anzutreten. Nicht nur wegen der zeitlichen Dimension. Die geliebten Dinge werden normal. Parallel dazu gilt es, eine neue Heimat zu finden. Also im Zweifel all das, was man zu Hause zurückgelassen hat. Die Perspektive verschiebt sich. Das Schöne wird selbstverständlich. Die Unterschiede zur Heimat, die sich vielleicht als Nachteile erweisen, rücken stärker in den Blickpunkt. Und da ist es beinahe egal, ob man von Ost nach West, von Berlin nach Köln oder von Deutschland nach Amerika wechselt. Das Prinzip bleibt sich gleich. Während man versucht, ein normales Leben weiterzuführen, erscheinen die Unterschiede weniger spannend als möglicherweise unpraktisch. Während die Vorzüge selbstverständlich werden. Immerhin – man hat den Schritt nicht völlig ohne Grund gewagt. Irgendetwas muss ja besser sein.

Ist es auch. Und diese ganze Betrachtungsweise erscheint mir so traurig wie ungerecht. Man nennt sie Suche nach dem Alltag. South Beach ist nicht nur strahlend und verrückt, sondern auch laut, wenn man dort wohnt. Besonders, wenn man nahe am Strand auf der Lincoln Road wohnt. Dort, wo sie keine Fußgängerzone mehr ist. Motoren hochgetunter Autos heulen auf, um mit lautem Auspuffknattern an der nächsten Ampel zum Stehen zu kommen. Motorräder verbreiten einfach nur Krach, und wenn das alles mit dem eigenen Vehikel nicht möglich ist, bleibt in jedem Fall noch die Hupe. Lang anhaltend und ausdauernd betätigt, kann sie immer wieder ein ganzes Konzert auslösen.

Die Vorzüge von Roberts Apartment lernte ich erst so richtig zu schätzen, als ich ausgezogen war. Zwei Stockwerke darüber hin zum Strand befand sich meine neue Wohnung. Ohne Balkon. Und ohne – das war die seltsamste Erfahrung überhaupt – auch nur die Möglichkeit, ein Fenster zu öffnen. Mein neuer Vermieter, ein Kameramann des spanischen Fernsehens, der für seine Station in New York arbeitete und lebte und hier wie so viele New Yorker eine Ferienwohnung unterhielt – er hatte mich mündlich darauf aufmerksam gemacht. Natürlich erst, nachdem ich den Mietvertrag schon unterschrieben hatte. Bitte öffnen Sie nicht die Fenster. Die Feuchtigkeit, Sie wissen schon. Ja, ich wusste. Ich hatte schon zu viele Häuser und Wohnungen gesehen – oder besser gerochen – mit dem für Südflorida typischen *mold*. Dem Schimmel in den Wänden, der durch die extrem hohe Luftfeuchtigkeit und den hohen Salzgehalt der Luft zum Feind Nummer eins für viele Gebäude wird. Die eigentlich alle zehn Jahre komplett saniert werden müssten. Aber wer hat schon das Geld dafür? Bis auf die Hotels am Strand. In diesem Apartment aber roch es ausnehmend gut, fand ich schon bei meiner ersten Besichtigung. Nicht der kleinste Anflug von *mold*-Geruch darin. Nun kannte ich den Grund dafür. Der ist doch verrückt, sagten meine Freunde. Du kannst doch wenigstens mal eine Stunde das Fenster öffnen, und danach stellst du die Klimaanlage wieder an! Die nicht nur die Luft kühlt, sondern vor allem den Sinn hat, die Feuchtigkeit aus den Wohnungen zu holen.

Schon zu Studienzwecken war es gut, diesen Kontrast kennenzulernen. Drinnen die kühle Luft aus der *air condition*. (Wo kommt die eigentlich her? Was atme ich die ganze Zeit ein?) Draußen eine andere Welt. Einen Spalt weit zum ersten Mal das Fenster geöffnet, und die Unterschiede zwischen zwei Universen werden erlebbar. Nicht mit dem Verstand und nicht mit den Händen zu greifen. Nicht zu sehen, kaum zu hören. Einzuatmen. Eine dicke Welle kommt hereingeschwappt. Wie Kuchenteig. Man bildet sich ein, man würde sie mit den Augen erkennen können. Eine synästhetische Täuschung. Warm und süß und salzig. Sie versetzt einen sofort in einen anderen Aggregatzustand.

Ein paradiesisches Wohlgefühl breitet sich aus, ohne dass es näher zu erklären wäre. Es ist einfach schön, zu leben, und das ist schon der ganze Grund für unser Dasein. Mehr bedarf es nicht. Die Anstrengung, die Sorgen, das Bedürfnis nach Kontrolle und Regulierung – sofern bei Menschen vorhanden – sind mit einem Mal verschwunden. Es ist ein anderes Leben, eine andere Basis, von der aus man neu beginnen kann. Wie neu geboren wird. Einfach nur einatmen und ausatmen. Der Scherz vom Kurs in „Selber atmen unter Palmen" enthüllt eine tiefe Wahrheit. Es ist eine Therapie, der man sich nicht entziehen kann. Außer in einem Apartment mit Verbot, die Fenster zu öffnen.

Wie es hier überhaupt immer eine Frage des Einatmens ist. Zwei Züge reichen. Und alles ist anders. Man ist angeschlossen an den Kreislauf des Lebens, warm und feucht. Zwei Atemzüge, und man taucht ein in diese andere, entspannte Welt. In der sich niemand über den Lärm und das Wetter aufregt. Die sind gottgegeben. Es gilt, mitzuschwimmen bis zum Ozean und dort ins Wasser zu gehen ...

Ich hatte ein Apartment mitten in den Palmenkronen und mit Blick auf die Kreuzung Lincoln und Collins Ave. Mir wurde heute klar, was es bedeutet hat, einen Monat lang dort in der ersten Reihe zu sitzen. Der Lincoln ausgeliefert zu sein. Ihrem Leben, ihrem Lärm, ihrer Hitze. Dem ganzen Wahnsinn. Den Boys (wie nennt man die eigentlich?), die vorm Ritz Carlton im Minutentakt nach Taxis klatschten. Den Motoren, die fast ebenso oft aufheulten. Den Harley-Davidson-Idioten und den Bussen, die mit schwerem Geräusch um die Ecke tosten. Dem Gehupe und dem immer wieder unvermittelt aufbrausenden Lärm, gegen den man sich nicht zur Wehr setzen konnte. Den man quasi einatmete. Wie die warme Luft. Und der zum Bestandteil von einem selbst wurde.

Der Blick um die Ecke vom Balkon auf das Meer. Blau und Türkisgrün mit weißem Strand. Das gleißende Licht am frühen Morgen von der Sonne, die überm Ozean stand. Der Klavierspieler im Nachtclub gegenüber, der immer erst um Mitternacht zur Hochform seiner schrägen Töne auflief und nicht vor halb drei fertig war.

South Beach ohne Lincoln Road? Geht das? Ohne Lärm und Hitze, in einem klimatisierten Apartment, in dem man die Fenster nicht öffnen darf und das keinen Balkon besitzt. *Nice, clean* und mit Blick auf den Turm des Loews Hotels. Sowie das nebenan liegende Royal Palm. Mit einer einsam wehenden Flagge auf einem Balkon am 4. Juli. South Beach geht nicht anders als Hitze und Lärm. Man muss die feuchte Wärme spüren, um hier zu sein. Alles andere ist Vorfrühling in Deutschland. Plötzlich schien ich gar nichts mehr zu haben. Kein Feuer, keine Ideen, keine Leidenschaft. Alles, was wichtig ist, war schon. Draußen auf der Lincoln Road.

Wenige Minuten später entdeckte ich die ersten Schimmelflecken. Es war mein erster und letzter Versuch, die Naturgesetze auszuhebeln.

Roberts Apartment hatte einen weiteren praktischen Vorteil zu bieten. Der nämlich darin bestand, dass es keinen Schlüssel gab. Also auch nichts zum Verlieren. Sondern eine Zahlenkombination an der Tür, wie bei einem Tresor. Was einem das Ganze gleich noch einmal viel wertvoller erscheinen lässt. In einer Region der Welt, in der das An-den-Strand-Gehen einfach zum ganz normalen Lebensalltag gehört, bietet es ungeahnten Komfort. Denn wo lässt man den Schlüssel, wenn man ins Wasser will? Man kann sich abwechseln. Oder man kann die ganze Zeit versuchen, irgendwo eine blöde Strand-Tasche im Auge zu behalten. Um Handtuch und Sonnenspray ist es im Falle eines Diebstahls in der Regel weniger schade als um einen Wohnungsschlüssel. Einer Wohnung, die einem dazu noch nicht einmal selbst gehört. Zurück ins Decoplage vom Strand kam man sowieso nur über eine Tür mit Handauflegen. Im Ernst. Meine Hand war elektronisch gespeichert. Ich hatte meine Apartmentnummer einzugeben und anschließend alle fünf Finger auf ein elektronisches Gerät am Eingang zu legen. Die Zeit höchster Kriminalität in Miami Beach hatte ihre Spuren hinterlassen.

Der Reiz einer Angelegenheit wird einem oft im Leben erst hinterher klar. Wenn es sich erledigt hat, mit solcherlei Vorzügen. Zwei Stockwerke über Roberts Apartment gab es wieder die guten alten Metallschlüssel. Für eine Tür, die mit mindestens drei schweren Schlössern alle Attribute einer Burganlage aufweisen konnte. Ich passte auf die Schlüsselchen dermaßen gut auf, dass ich sonst zu fast gar nichts mehr kam. Bloß nicht in den Sand fallen lassen. Bloß nicht auf der Straße verbummeln. Beim Schwimmen verrenkte ich mir dauernd den Hals, um auf die extra neu erworbene Tasche in Signalfarben aufzupassen. Sie leuchtete neongrün am Strand. Weithin sichtbar. Sicher gab es auch die Möglichkeit, die Dinger irgendwie am Arm zu befestigen oder sich monströse Unterwasserbeutel um den Körper zu binden. Aber die Vorstellung, ich würde die Schlüssel direkt im Ozean verlieren und unterhalb der türkisblauen Salzwellen womöglich den ganzen Meeresboden absuchen müssen, erzeugte Gefühle in der Magengegend wie kurz vorm Sprung aus dem Flugzeug.

Wer nichts weiter zu tun hat, kann sich den ganzen Tag Sorgen um seinen Schlüssel machen. Ich bekam alsbald den Auftrag, an die Golfküste zu reisen, um mich mal nach den Folgen des Öldesasters im Golf von Mexiko zu erkundigen.

Die Unglücksstelle befand sich tausend Kilometer von Miami entfernt. Das Strandleben war zumindest hier am Atlantik perfekt wie jeden Tag. Keine Spur von einem Tröpfchen Öl. Während es sich in den europäischen Nachrichten offenbar so anhörte, als sei Florida quasi schon in einer riesigen Ölwanne verschwunden. Während also der größte Teil des Bundesstaates noch nicht im Öl versunken war – verhielten sich die Leute aber gleichzeitig so. Jedenfalls diejenigen, die um diese Jahreszeit gern an der Golfküste Ferienwohnungen mieteten oder Grundstücke kauften. Das Öl ist Hunderte Meilen entfernt – und dennoch spüren wir die Auswirkungen, sagte Jeff, der mit seiner Frau Rebecca ein Immobilienbüro an der 5th Avenue von Naples betreibt. Von Miami aus die nächstgelegene Stadt am Golf von Mexiko. „Schauen Sie sich die Nachrichten an, drei Wochen lang hat CNN immer die gleichen Bilder von verschmierten Pelikanen gezeigt. Es ist entsetzlich für die Tiere, aber der Eindruck, so würde es in ganz Florida aussehen, ist einfach falsch!"

Man musste also nicht weit fahren, um die ersten Leute zu treffen, die auch ohne Öl von den Folgen der Pest betroffen waren. Auch wenn das größte Mitgefühl natürlich all jenen galt, die das Pech hatten, in Nachbarschaft der Deepwater Horizon zu leben – gerecht war das nicht. Am Pier von Naples traf ich diverse Angler, die dicht an dicht im sauberen Wasser fischten. Außerdem eine Pelikanfamilie, die mit zartem braunem Gefieder gesund und gemütlich in der Nähe des Strandes herumpaddelte. Und Imbissverkäufer, die trotzdem über Schwund an Touristen klagten. Die wirtschaftlichen Folgen waren bereits immens. Es war einerseits nicht ganz zu verstehen. Andererseits, wenn ich es mir richtig überlege, hätte ich es genauso gemacht. Wenn ich nur anhand der Fernsehbilder hätte urteilen müssen.

Abgesehen von der Krise mit dem nicht vorhandenen Öl stechen natürlich sofort die Unterschiede zwischen Golf-

und Atlantikküste ins Auge. Sie sind nur zwei Stunden Autofahrt voneinander entfernt und gehören natürlich zu ein und demselben Bundesstaat. Aber dennoch wirkt es, als bewege man sich in eine andere Welt. Selbstverständlich ist Miami ohnehin noch mal ein Sonderfall. Hier die quirlige Metropole – dort die Ruhe, Gemächlichkeit und Gelassenheit der – tja, des mittleren Westens eigentlich. Nicht ohne Grund. Während die I-95 entlang dem Atlantik die Ostküsten-Städte miteinander auch im übertragenen Sinne verbindet, ist es an der Westküste die I-75, die die Menschen – Urlauber, Interessierte, Dienstreisende, Einwanderer aus anderen Staaten – nach Florida schaufelt. Sofern heute noch jemand eine Straße benutzt und nicht das Flugzeug, um in den Süden zu gelangen. Was sofort auffällt, ist die größere Ruhe, die hier herrscht. Es ist ein Feriengebiet wie im Osten, aber eher eines für Familien und Kinder. Für Menschen, die Ruhe suchen. Oder aber einfach Strandferien verbringen wollen, ohne große zusätzliche Reize, wie sie eine Stadt wie Miami natürlich zu bieten hat. Alles erscheint großzügig, die Straßen breiter, die Häuser geradezu ein Bewusstsein der Größe dieses Landes atmend. Der Sand, der Strandsand: viel, viel weicher als der in Miami Beach. Wie Puderzucker. Am Atlantik ist der Sand gröber und weißgrauer, und man erahnt förmlich, dass er aus zerriebenen Muscheln besteht. Auf der anderen Seite – der Atlantik ist türkisgrün. Von Weitem manchmal Curaçao-blau. Ein Wunder der Farben. Hier, der Golf von Mexiko, wirkt braungrün im Vergleich. Das hat natürlich mit dem Untergrund zu tun. Aber sicher auch mit dem Sonnenlicht. Die wirkliche Show findet am Atlantik morgens statt, wenn über dem Meer die Sonne aufgeht. Zum Sonnenuntergang wende man sich dann bitte zur anderen Seite. In Miami Beach heißt das zum Beispiel: Suchen Sie sich einen Platz am Bay und genießen Sie den *sunset* über der Skyline von Miami. Unvergleichlich, aber nicht – das Meer.

Einer der großen Trümpfe der Golfküste sind also die phantastischen Sonnenuntergänge. Das kann nur der Golf von Mexiko. Man vergräbt abends um sieben Uhr die Füße im Puderzuckersand, den Drink in der Hand, und betrachtet das tägliche Schauspiel. Wer das liebt – für den geht nichts darüber. Offen gestanden hege ich allerdings gewisse Vorurteile gegen alles, was nicht VÖLLIG OFFENES MEER ist. Also nur ein „Golf" zum Beispiel. Angesichts der Ausdehnung und der Dimensionen natürlich totaler Quatsch. Aber da ist eben jeder anders. Genauso: Bay oder Atlantik. Weshalb soll ich denn NUR am Bay wohnen, wenn ich genauso gut am Atlantik leben kann?? Das war damals eine der entscheidenden Fragen bei der Überlegung: Miami oder Miami Beach. Ich fürchte, all diese seltsamen Großstadt-Probleme kommen den Menschen am Golf irgendwie irrsinnig vor. Für sie ist die Rechnung einfach. Mehr Qualität fürs Geld und dazu noch tolle Sonnenuntergänge. Punkt. Ich habe dem nichts mehr hinzuzufügen.

Es war erst gegen Mittag in Naples, die nächsten Interviews zum Thema standen bevor. Doch – Moment. Wo war mein Schlüssel? Ich hatte ihn ja bisher wie meinen Augapfel gehütet. Also konnte er nicht plötzlich weg sein. Ging nicht. Außerdem hatte ich noch NIE, ich schwöre, noch nie in meinem Leben einen Schlüssel verloren. Also ja wohl auch jetzt nicht. Ich kramte im brütend heißen Auto alles von vorn nach hinten und wieder zurück. Ich lief noch einmal zum Pier. Ich fragte alle Imbissbuden-Verkäufer, auch jene, die ich beim ersten Mal übersehen hatte. Der Schlüssel war so weg, wie die Sonne im Zenit stand.

Halt, fiel mir ein, Rebecca und Jeff. Ganz bestimmt hatte ich ihn da verloren. Bei dem nettesten Makler-Ehepaar, dem ich jemals begegnet war. „Oh, schütten sie gleich Ihre ganze Tasche hier auf den Tisch", empfingen sie mich besorgt, wie nahe Verwandte. Es hatte ein bisschen was von Fernsehreklame – für was eigentlich, Kopfschmerztabletten? – und der gesamte Inhalt breitete sich auf ihrer Tafel im Konferenzraum aus. Vom Schlüssel allerdings keine Spur. Ich war zu verwirrt, um noch irgendetwas von mir zu geben. Klar war nur, ich musste auf der Stelle dieses Unternehmen hier abbrechen. Und zurück nach Miami. Ein vermutlich völlig sinnloses Unterfangen. Aber ich war in Panik. „Ich bete gleich für Sie!", rief mir Rebecca hinterher. Beten. „Ja, wenn das Beten sich lohnen tät", fiel mir auf der Stelle der Song von BAP ein. Der Schlüssel jedenfalls blieb verschwunden.

Ich setzte mich ans Steuer und ging im Geiste den Eingang zu meinem Apartment im Decoplage durch. Drei schwere Sicherheitsschlösser. Mit Riegel und allem Drum und Dran. Müssen aufgebrochen werden. Stück tausend Dollar, schätzte ich. Dazu die schwere Tür. Unwiederbringlich demoliert. Schätzungsweise 5000 Dollar. Mir wurde heiß und kalt. Dies allerdings würde meinem Reisebudget den allerletzten Todesstoß verpassen. Prost Mahlzeit. Mein Jahr in Florida endete demnach bereits am 17. Juli. Nach nicht mal zwei Monaten. Schön, da würden sich die Kollegen freuen. Und meine Familie erst. Es war im Großen und Ganzen für mich der allergrößte denkbare Unfall eingetreten. Etwas, das auf solchen Reisen, bei solchen Unternehmungen eben passieren kann.

Es konnten sogar noch viel schlimmere Dinge passieren. Immerhin, ich war nicht ermordet und nicht vergewaltigt worden. Ich hatte keine schwere Krankheit und keinen Autounfall. War nicht vom Alligator gebissen oder von Moskitos aufgefressen. Ich war einfach ein fehlbarer Mensch. Ich hörte auf, mich zu wehren. Und plötzlich passierte, womit ich nicht gerechnet hatte. Und was in so kritischen Situationen selten passiert. Ich konnte mir vergeben. Vielleicht hatte in diesen Minuten wirklich jemand für mich gebetet.

Als ich im Decoplage einfuhr, war es erst halb sechs Uhr nachmittags. An einem Samstag. Alles arbeitete noch. Auch die *cleaning lady*. Sie hatte natürlich einen Ersatzschlüssel. Ich sank förmlich auf die Knie. Noch nie im Leben hatte sich ein Drama so dermaßen in Wohlgefallen aufgelöst. Doch um Zutritt zum Haus zu bekommen – brauchte ich, laut *front desk*, was? Ja natürlich, eine Registrierung, dass ich überhaupt Mieterin sei! Ich glaubte, meinen Ohren nicht zu trauen. Ein Déjà-vu von der ersten Nacht meiner Ankunft, nur Wochen später, das war nicht möglich! Ich machte ein Riesentheater. Zum zweiten Mal ließen sie mich nicht ins Haus. Ich drohte mit allerlei juristischen Spitzfindigkeiten, die mir inzwischen geläufig waren. Doch wieder fehlte es einfach nur an einer einfachen Information. Der Empfang wusste nicht, dass ich von Roberts Apartment in jenes des spanischen Kameramanns umgezogen war. Saftladen, dachte ich. Der englische Begriff fiel mir nicht gleich ein. Als schließlich geklärt war, dass Mieterin 504 zur Mieterin 717 geworden war, erhielt ich Einlass.

„Sie gehen morgen einfach in die Alton Road in den Schlüsselladen", erklärte Jose, der Kameramann, am Telefon völlig entspannt, als ich ihm den ganzen Vorgang beichtete. Ohne auch nur im Ansatz böse zu sein. „Sie nehmen den Ersatzschlüssel der *cleaning lady* und lassen eine Kopie machen. Sie können da gleich drauf warten." Noch nie war die Herstellung einer Schlüsselkopie ein solches Fest. Die Tausender, die ich bereits an Folgekosten für meinen Verlust veranschlagt hatte, schrumpften binnen Minuten zusammen. Es waren – meiner Meinung nach – die besten 3 Dollar 24 Cent, die jemals in der Geschichte der Vereinigten Staaten investiert worden sind.

August

AND THEN I GOT MY SOCIAL SECURITY NUMBER. Nicht, dass ich sie schon einmal gebraucht hätte. Aber man behält sie ein Leben lang. Es gibt auch hierfür Quoten, und Europäer haben ausgesprochen gute Chancen, eine zu bekommen. Im Vergleich zu Lateinamerikanern etwa, von denen es weit mehr in die USA drängt. Die Karte darf nicht laminiert und sie darf nicht ständig mit sich herumgetragen werden. Aber man sollte sich die Nummer aufschreiben und sie sogar irgendwo im BlackBerry speichern. Bei Verlust gibt's nämlich anderenfalls Schwierigkeiten. Der Handel damit verläuft schwunghaft. Und jeder Zweite, dem ich stolz von meiner Social erzähle, schüttelte belustigt den Kopf. „Die hättest du für achtzig Dollar auf dem Schwarzmarkt bekommen können!" ABER JETZT HATTE ICH SIE LEGAL. Es ist, symbolisch betrachtet, schon mal irgendwie der erste Schritt zur Staatsbürgerschaft. Wow, was für ein Tag!

Im 17. Stock des Loews Hotel in Miami Beach händigte mir Irmgard aus Washington die Social Security Card aus. Es hatte gar nicht lange gedauert. Nach drei Wochen war sie bereits bei den Freunden in D.C. angekommen. Irmgard war zu einem Kongress in der Stadt und wollte mir die Karte bei der Gelegenheit persönlich überbringen. Sicher ist sicher. Im Decoplage hatte ich nicht mal einen eigenen Postkasten.

„Und wie schnell du deinen Namen geändert hast!", sagte sie anerkennend. „Dazu brauchen andere Jahre. Ist das eigentlich ... legal?" Denn von nun an bin ich – außer Besitzerin einer Social – auch noch Bettina H. Klein. Wozu die Geschichte mit dem *first name* gehört. „My first name is my second name", sagte ich jeweils höflich bei zahlreichen behördlichen Anfragen. *First name* bedeutet in der Regel das, was in Deutschland der Rufname ist. In meinem Falle Bettina. In meinem Pass steht aber, wahrheitsgemäß, Helga Bettina. Weshalb ich in Amerika, angefangen bei T-Mobile und meinem Telefonvertrag, zu Helga Klein wurde. Das geht leider nicht. Bei bestimmten entsprechend ausgestatteten Telefongeräten erschien ich als Helga Klein auf dem Display, und ich weiß nicht, wie viele Menschen meinen Anruf allein deswegen weggedrückt haben. Der Name stammt einerseits von meiner Patentante Helga, von der ich wirklich nur Gutes erfahren habe. Aber er war andererseits nicht für diesen Nachnamen bestimmt. Ursprünglich. Und laut Auskunft meiner Eltern aus rein klanglichen Erwägungen VOR meinen eigentlichen (Ruf-)Namen gesetzt worden.

Es bedurfte erst eines Besuches im Social Security Office nahe der K Street in Washington, um mich vom Kampf *first name gegen second name* zu erlösen. Der freundliche Mitarbeiter war nämlich – mit einer Deutschen verheiratet. Und daher, wie er sich ausdrückte, „mit gewissen Vorbehalten gegenüber dem Namen Helga" vertraut. Ich konnte es kaum fassen. Es bedurfte keiner allzu großen Charme-Offensive mehr, und er ermöglichte mir den Transfer von „Bettina", meines *second* in den *first name*. Während mein anderer Name, nun bloß noch rudimentär, als typisch amerikanische Abkürzung in der Mitte erscheint.

Also, Bettina H. Klein. Die erste Unterschrift. Unter die Social, im 17. Stock des Loews Hotel in South Beach. Wo wir soeben noch einen Imbiss verspeist haben. „Bitte leg dir was unter, damit du nicht gleich Senfflecken reinmachst", ermahnte mich Irmgard belustigt. Denn nun kam der feierliche Akt. Ich sang die Nationalhymne und schwenkte dazu ein Fähnchen. Das, wie mir einfiel, noch in meiner Tasche lag. „Hast du da drin sonst noch ein paar Utensilien für frischgebackene Amerikaner ...??", amüsierte sich Irmgard. Nein, aber für den Anfang war's ganz schön.

Vermieter dürfen offiziell nicht nach der Social Security Number fragen. Manche tun es aber eben doch. Und wie so oft – wenn sie darauf bestehen, hat man ohne Social keine Chance. Also besser, man hat eine. Es wird immer einen potentiellen Mieter geben, der mit der Frage kein Problem hat. Wie in diesem einst etwas edleren Kasten auf Treasure Island, einer der Inseln mitten im Biscayne Bay. Das Haus war in den Achtzigerjahren als Spielcasino erbaut worden. Dann hat man sich aber doch nicht dafür entschieden, die entsprechenden Gesetze zu ändern, die das Glücksspiel in dieser Form legalisiert hätten. Und es wurde umgewandelt in ein Wohnhaus. Mit all den typischen Zeichen des Achtzigerjahre-Pomps. Der einen immer wieder an „Denver" und „Dallas" gleichzeitig erinnert. Man glaubt, Sue Allen biegt in der nächsten Sekunde um die Ecke. Das Whiskey-Glas in der Hand und mit einem Handtuch um den Kopf gewickelt. Die Fenster von der Decke bis zum Boden, getönte Glasscheiben und muschelförmige Waschbecken im Bad.

Beim Versuch, das geliebte und gehasste Decoplage zu verlassen, lernte ich immer aufs Neue neue Gegenden kennen. Und neue Menschen. Und neue Probleme. Treasure Island ist zum Beispiel der komplette Ausflug nach Lateinamerika. Nach dem Besuch im Supermarkt meldete sich meine erste Miami-Krise an. Bitte kein Spanisch mehr. Kein ekliger Geruch, keine Latino-Männer, die glotzen, keine dicken und dick geschminkten Verkäuferinnen, die hilflos blicken, weil sie selbst die einfachste Frage nicht auf Englisch verstehen. Ich wünschte mir so sehr, in die USA zurückzukehren. Das Sue-Allen-Gebäude, in das ich gezogen war, bildet wiederum eine „weiße" Exklave. Abgesehen von meinen Vermietern. Und auch das war bei unserem E-Mail-Verkehr nicht vorherzusehen.

Im Gegenteil, ich war auf einen durchgeknallten evangelikalen Rechten gefasst. Wer garniert seine *postings* bei *Craigslist* schon mit ewig langen Gebeten? *My Lord* am Anfang und *my Lord* am Ende. Und auch am Telefon klang Rod von A bis Z nach einem weißen Südstaatler. Er hatte etwas total Abgeklärtes und Väterliches in der Stimme, als er mich via öffentlicher Verkehrsmittel nach Treasure Island dirigierte. Und jedenfalls auch nicht die Fassung verlor, als ich noch dreimal von unterwegs anrief, weil ich wegen des Weges nicht sicher war. Ich hatte bei meinen *Craigslist*-Abenteuern schon die erstaunlichsten Dinge erlebt und war mittlerweile auf alles vorbereitet.

Craigslist ist die Anzeigenannahme im Internet schlechthin. Jedenfalls für Amerika. Sie hat sich hier völlig etabliert. Es gibt allein fürs Wohnen diverse Rubriken, von *all housing* über *apartments, rooms & shares, temporary* oder *vacation rentals*. Es gibt Abkürzungen, mit denen man sich erst mal vertraut machen sollte, eigene *policy*-Regeln, jede Menge lustige Dinge und den einen oder anderen fetten *fraud*. Kurz. Es gibt eine eigene *Craigslist*-Sprache, die man lernen und beherrschen sollte, wenn man das Ding regelmäßig verwendet. Es hilft und vereinfacht und beschleunigt die Sache. Beispielsweise kann ein 2br/2ba – also zwei Schlafzimmer, zwei Badezimmer – mit Fotos garniert, wie aus der Wohnzeitschrift und dafür zu einem Drittel des marktüblichen Preises in Downton nur *fraud* sein. Also Betrug. *Too good to be true* gilt auch hier als Regel – und wenn es so scheint und danach aussieht, dann ist es vermutlich genau das. Zu schön, um wahr zu sein. Es gibt aber auch Anzeigen wie diese: „Free Room for Euro Student Exchange Girl for Companion – I am looking for a sentimental company (no sex) ... – in exchange you will live free and save a lot of money in your rent ...“ Überhaupt, unter der Rubrik *live free* lässt sich manches Sonderliche finden. Nicht nur mietfrei wohnen gegen

Haushaltshilfe oder Kinderbetreuung. Männer werben ganz offensiv mit ihren superteuren Miami *condos*, die kaum ein Mensch bezahlen kann – für umsonst. Im Austausch in der Regel allerdings schon gegen Sex oder jedenfalls irgendeinem Surrogat. Schöne Partnerin an meiner Seite etc. Viele Menschen kommen in diese Stadt und haben erst mal wenig Geld. Für manche ist es vielleicht eine Alternative.

Craigslist war über Wochen für mich, was für andere Speed-Dating oder Partnerbörse im Internet sind. Erstes Interesse, erste Kontaktaufnahme, rein ins Auto und hingedüst. Und dann die große Frage, wie verhält sich die Realität zu den Fotos oder E-Mails oder dem ersten Telefongespräch? Ich gebe zu, ich war ein bisschen süchtig, aber ich hatte ja auch einen triftigen Grund. Denn ich brauchte schließlich etwas zum Wohnen. Und da ich mich gegen die Lösung eines Jahresmietvertrages entschieden hatte, um flexibel zu bleiben und um viel kennenzulernen, erschien die Wohnungssuche bei *Craigslist* als eine gute Alternative. Wie es für viele andere die einzige Alternative schien, um an Geld heranzukommen.

Es war also zugleich auch meine Art, die Folgen der Finanz- und Immobilienkrise in Florida zu studieren. Viele hatten sich mit ihren teuren Penthouse-Wohnungen in den Wolkenkratzern von Miami übernommen und suchten Mitbewohner. Sie hatten keinen Job mehr. Oder sie konnten die gestiegenen Mieten nicht mehr bezahlen. Zwar lagen die Immobilienpreise in Florida im Durchschnitt noch immer am Boden. Doch auch hier bildet Miami – mitsamt seinem Immobilienmarkt – eine Ausnahme. Alles ist teurer als im Rest des Bundesstaates, und das gilt auch für die Wohnungen. Die Stadt ist noch immer attraktiv – oder, besser gesagt, sie ist seit zehn, fünfzehn Jahren wieder einmal total im Kommen, und dieser Trend ist ungebrochen. Es gibt also höchst attraktive Bauten und Plätze, Luxuswohnungen in *scyscrapern* am Wasser zu Luxuspreisen. Es fließt weiterhin viel Kapital in die Stadt, ob aus Lateinamerika, aus Europa oder Asien.

Gerade hat ein asiatischer Investor eines der Filetgrundstücke im nördlichen Downtown erworben, direkt am Wasser von Biscayne Bay, dort, wo seit Jahrzehnten das Haus des ehrwürdigen „Miami Herald" steht. Die Kollegen ziehen aus, an ihrer Stelle wird ein Riesenkomplex mit Hotel entstehen – und mit Spielcasino, wenn es nach den neuen Eigentümern geht. Doch dafür brauchen sie eine Genehmigung vom Parlament in Tallahassee, der Hauptstadt Floridas, und ob die kommt, war lange ungewiss. Und eines kann man schon jetzt vorhersagen – werden die Pläne genehmigt, dann dürften die Immobilienpreise ringsum weiter nach oben gehen.

Auch weil mehr Leute wegen des Verlusts an Eigentum nun etwas mieten mussten, stiegen die Preise auf diesem Teil des Wohnungsmarktes. Oder manche hatten eben – der Klassiker – einen Kredit bekommen, der eigentlich nicht ihren Möglichkeiten entsprach. Im Durchschnitt stimmte jedenfalls die Faustregel: Die Fotos versprachen mehr, als die Wohnungen hielten. Manchmal war es umgekehrt. Doch dann waren die Bewohner so in Panik, dass man nicht gern ein Zuhause mit ihnen teilen mochte.

Ich war also auf jede Art des Irrsinns oder eine weitere Enttäuschung gefasst, als ich im 24. Stock in der Penthouse-Etage auf Treasure Island stand. Und Rod die Tür öffnete. Wieder eine Überraschung. Kein weißer Südstaatler, sondern ein lustiger kleiner Schwarzer aus Chicago mit Nickelbrille und blitzweißen Turnschuhen. Der etwas außergewöhnlich Normales und Beruhigendes in diesem ganzen Wohnungswahnsinn ausstrahlte. Dazu Aida, seine Freundin aus Äthiopien. Beide waren das Ausgeglichenste, was mir in den vergangenen Wochen untergekommen war. Sie waren gerade selbst erst eingezogen und wollten ein separates Zimmer mit eigenem Eingang neben ihrem Apartment vermieten. Ich konnte es nicht fassen. Das Panorama war gigantisch.

Links die Hochhäuser des nördlichen Miami Beach. Dahinter der Atlantik. Ganz hinten rechts am Horizont die Skyline von Miami. Und dazwischen eine riesige türkisfarbene Wasserfläche. Biscayne Bay. Ich kam mir vor wie ein Leuchtturmwärter oder der Kapitän auf der Brücke eines Riesenkreuzfahrtschiffes. Am nächsten Morgen, es war ein Sonntag, riefen Rod und Aida an. Um zu fragen, ob ich Lust hätte, sie in die Kirche zu begleiten. Wie süß. Sie waren Baptisten und ich sehr gerührt. Ich dankte und lehnte freundlich ab. Ich wollte nichts von dem versäumen, was sich mir im Augenblick bot. Es war mein persönlicher Gottesdienst in der 24. Etage hoch oben über Biscayne Bay.

Die Weite und der Überblick. Das Licht und die sanfte Brise durch die Balkontür. Die aufgehende Sonne über dem Ozean und die unermessliche Energie, die dabei spürbar wird. Mehr, größer als alles, was der Mensch erschaffen kann. Die Atomenergie vielleicht ausgenommen. Mehr als alles, inklusive der Gegend um die K Street in Washington mit all ihren *think tanks* und Welterklärern. Es ist eine unglaubliche Energie, die das Gefühl befördert, dass es nichts anderes braucht. Kein Schuften und kein Kämpfen. Dass all das völlig überflüssig ist. Angesichts der Energie dieser Morgensonne über dem Meer verblassen alle Aktivitäten. So besonders sie auch sein mögen. Sie liefert vermutlich so viel Vitamin D, dass der Mensch mit sich selbst auskommen und zufrieden sein kann. Abgesehen davon führte das Ferienfeeling dazu, dass ich mich schnell daran gewöhnte, *hola* und nicht mehr *good morning* zu sagen.

Ein paar Tage später standen Rod und Aida wieder in der Tür. Es war ihnen sichtlich peinlich. Sie hatten Ärger mit dem Eigentümer der Wohnung. Und aus Rache verbot er ihnen, mein Zimmer unterzuvermieten. Ich musste raus, und zwar so schnell wie möglich. Denn er wollte extra aus New York angeflogen kommen, um sich persönlich davon zu überzeugen, dass außer ihnen niemand das Apartment bewohnte. Meine *social security number* hatte mir also nichts genutzt. Noch bevor ich sie der Apartmentverwaltung zur endgültigen Registrierung vorlegen konnte, war mein Aufenthalt schon wieder zu Ende.

Ein paar Stunden später stand ich schließlich bei Valerie in der Tür. Ich war dank *Craigslist* direkt nach Miami Beach zurückgekehrt. Um die Ecke vom Decoplage. Auch eine Penthouse-Etage, anderthalb Blocks vom Atlantik entfernt. Valerie hatte inseriert als Künstlerin und ihre Anzeige mit *peace* unterzeichnet. Außerdem kämen all ihre Vorfahren aus Deutschland, und so schien der liebe Gott mal wieder seine Finger im Spiel zu haben. Ich war auf etwas Hippieartiges gefasst. Allerdings aufgrund der prominenten Wohnlage auf einen sehr reichen Hippie. Wahrscheinlich noch sehr jung, der auf Kosten der Eltern eine Dachterrassenwohnung mit Meerblick bewohnen konnte.

Stattdessen öffnete eine mittelalte Frau von vielleicht Anfang fünfzig, die mich in ihre ziemlich vollgestopfte Wohnung führte. Sie hatte eher etwas von einem persönlichen Museum. Und vor allem suchte Valerie etwas *long term*. Wenn ich das schon hörte. Andererseits war ich wieder mal in Not. Ein paar Wochen, sagte ich. Bis ich mir etwas anderes gesucht habe.

Sie versuchte, mich zu überreden. Jemand, der schreibend auf ihrer Terrasse sitzen würde, mit diesem gigantischen Meerblick, diese Idee gefiel ihr gut. Und das sei doch genau das, was ich die nächsten Monate bräuchte! Sie konnte mich nicht überzeugen. Und Valerie hatte noch jemand anderen in petto. Ich fuhr also im Aufzug wieder hinunter und setzte mich in meinen Chevy Cobalt, um die anderen

Wohnungen auf meiner *Craigslist*-Liste abzuarbeiten. Aber kaum war ich um die Ecke, da klingelte schon das Handy. Valerie. Sie hatte es sich überlegt. Also gut. Woche zu Woche, bis ich etwas anderes gefunden hätte. Ich kehrte um und brachte meine Sachen in mein winziges neues Zimmer mit Meerblick. Zweihundert Dollar die Woche. Sehr viel Geld, aber zugleich kam sie mir sehr entgegen. Suchen Sie mal ein Zimmer mit Meerblick, ohne sich auf Dauer festlegen zu müssen. *First and last rent* sowie *one month securitiy* sind üblich. Sollten Sie nicht mit dreitausend Dollar *cash* durch die Welt marschieren – ist Flexibilität anzuraten. Auf der Terrasse bekam ich mein eigenes kleines Plätzchen, mit Tischchen und Stuhl. Während Valerie meistens auf ihrem Outdoor-Sofa lag und meditierte. Sie war nicht Anfang fünfzig, sondern, zu meiner kompletten Verblüffung, Mitte sechzig.

Ein ehemaliges Model, mit bewegter Vergangenheit, wie man den Fotos an ihren Wänden entnehmen konnte. Sie hatte im Gesicht mit einer Schönheits-OP nachhelfen lassen. Und dafür – anstatt zu bezahlen – die Chirurgin porträtiert. Schönheits-OPs sind für viele hier selbstverständlich, und manche New Yorkerin verbringt drei Wochen „Schönheitsurlaub“ in Florida, um danach überraschend gestrafft wieder heimzukehren. War dann halt die gute Meeresluft. „Eigentlich wollte ich mir auch noch meine *boobs* machen lassen“, erläuterte Valerie und riss sich das T-Shirt hoch, um ihre – immer noch kleinen – Brüste vorzuzeigen. „Aber dann, stell dir mal vor“, rief sie enttäuscht, „hat mir eine andere Künstlerin den Auftrag weggeschnappt!“ Keine Gemälde, keine neuen *boobs*. Denn das Geld für eine OP hatte sie nicht. Und im Moment eigentlich auch nicht für die Gebühren ihrer tollen Eigentumswohnung, die sie in den Achtzigerjahren gekauft hatte, als die ganze Gegend noch außerordentlich marode war. Dennoch verteidigte sie dieses Anwesen dort oben nach Kräften. Ein Verkauf kam für sie nicht in

Frage. Mit Verweis auf diese außerordentliche Lebensqualität. Auf diesen unschätzbaren Mehrwert. Wo nicht nur der *Latin way of live*, sondern auch die Sonne, die Tropen und das Meer auf den *American way of live* treffen. Insofern genau mein Platz.

Jeden Morgen ging Valerie schwimmen. Meist zwischen acht und neun Uhr. Gegen halb acht waren wir beide wach, ich hörte schon den Fernseher und konnte aus der Küche den Kaffee riechen. Außerdem meldete sich Robby, der steinalte Kater, krächzend vor meiner Tür. Es war eigentlich ein schönes Ritual. Von der Terrasse aus konnte sie die Verhältnisse am Strand genau überblicken. Sie meinte es wirklich gut. „The water, it is gorgeous!", versuchte sie, mich jeden Morgen erfolglos zu überreden. MICH, die ich doch eigentlich eine totale Wasserratte war. „Du musst früh am Morgen ins Meer, da ist es am schönsten. Glaub mir, ich lebe schon seit zwanzig Jahren hier, ich kenne mich ein bisschen aus!" Aber irgendwie war das für mich – kein Alltag. Ich hatte schließlich bereits zwei Monate Stranddasein hinter mir. Von mir aus konnte mal wieder so etwas wie ein normales Leben beginnen. „Im Gegensatz zu dir kann ich kein Zimmer vermieten, um davon zu leben. Ich muss arbeiten", sagte ich spitz. Und kochte mir demonstrativ noch eine extra große Kanne Kaffee. In der Zeit trank ich wirklich eine Menge. Irgendwann gab die Maschine ihren Geist auf. „You've cooked it to death!", erklärte Valerie böse. Es stand eins zu eins. Wir waren schon ein tolles Paar.

Und doch war ich unfähig, irgendetwas zu tun. Zu viel Energie und zu warm. Die Hitze drückte mir aufs Gehirn. Ich schaute über die Dächer von South Beach, auf das Meer und wieder zurück auf das phantastische Panorama. Aber ich war nicht imstande, auch nur einen einzigen plausiblen Gedanken zu fassen. Und Valerie? Sie lud mich zur Kirche ein und zum Yoga. Sie wollte mich teilhaben lassen an ihrem *peace*-mäßigen Hippie-Dasein. Unter der Dusche standen jeden Morgen ihre Schnorchel-Klamotten. Es war eigentlich ein einziges Schwimmen im Strom des Lebens. Aber ich wollte nicht. Ich blieb stur wie ein Esel.

Ich wollte einen strukturierten Alltag. Irgendwie brauchte es ein Gegengewicht zu diesem Eintopf aus Farben, Hitze und Wasser. „Is it too pretty?“, erkundigte sich Valerie selbstzufrieden. Und wovon lebte sie eigentlich, wenn sie es sich den ganzen Tag hier oben gemütlich machte? Gut, von meiner Miete. Und sonst? „Es läuft grad nicht so gut mit Aufträgen“, sagte sie. Und ich verstand den eigentlichen Sinn einer *Social*. Ich hatte meine vor allem für symbolische Zwecke gebraucht.

September

Der 11. September wäre um ein Haar der Tag eines friedlichen Todes geworden. Der neunte Jahrestag der Anschläge von 9/11. Es fühlte sich so GUT an, die Augen zu schließen. Am Steuer, auf der Rückfahrt von Gainesville nach Miami. Ganz undramatisch und völlig angstfrei. Es war einfach schön, die Augen zu schließen, Musik zu hören und den monotonen Fahrgeräuschen auf der Interstate 75 zu lauschen. Ich hatte die ganze Nacht durchgearbeitet und davor auch nicht viel Schlaf bekommen. Dafür jetzt am Steuer meines Jeeps. Mit schöner Musik und einlullenden Fahrgeräuschen.

Es war auf jeden Fall das Ende meines ersten Versuchs, aus Miami auszubrechen. Denn Miami ist nicht Florida, so viel war klar. Gerade die ältere Generation betrachtet die Stadt – unter der gern Miami und Miami Beach zusammengefasst werden – nicht nur als etwas anderes. Oder vielleicht sogar etwas Besonderes. Sondern schlichtweg als Ausland. Schwer lateinamerikanisch geprägt. Zu viele Leute, die kein Wort Englisch sprechen. Oder sprechen wollen. Zu laut, zu teuer, zu dreckig. Immer noch zu viel Kriminalität. Obwohl sich die einstige Mord- und Drogenhauptstadt der USA schon sooo gebessert hat. Miami ist nicht Florida. Und dennoch hörte ich ständig auf die Frage, wo sonst ich denn vielleicht noch mal wohnen sollte: nirgendwo. Vergiss es. Fahr überall hin. Schau dir alles an. Aber LEBEN? Niemals. Nirgendwo sonst in diesem Bundesstaat.

Der Trip nach Gainesville bot Gelegenheit, in einen ganz anderen Teil Floridas aufzubrechen. Den ich freiwillig vielleicht nie gesehen hätte. Allerdings hatte die Stadt es Anfang September kurzfristig zu weltweiter Berühmtheit gebracht, wegen eines seltsamen Pastors, der dort angedroht hatte, am Jahrestag der Anschläge von New York und Washington Korane zu verbrennen. Gainesville stand kurzzeitig für jeden denkbaren Irrsinn, der in den Vereinigten Staaten von Amerika offenbar möglich war. Die Stadt selbst stand Kopf und distanzierte sich in allen möglichen Formen von diesem schrägen Außenseiter.

Am Morgen des 8. September packte ich meinen Jeep voll und schickte mich an, Valerie Lebewohl zu sagen, „Nimm ruhig alles mit", ermunterte sie mich, „vielleicht willst du ja doch erst mal da oben bleiben." Ohne diesen kleinen Tritt hätte ich mich dazu wahrscheinlich nicht entschlossen. In Wahrheit wollte sie gern mein Zimmer an einen dauerhaften Untermieter vergeben. Denn ich hatte ihr ja schon signalisiert, dass ich mich eigentlich nach etwas anderem umzusehen gedachte. Und nur so lange noch – Woche für Woche – bei ihr blieb.

So fügte sich eins in andere. Ich hatte ein Ziel. Ich hatte einen Auftrag. Ich hatte einen Grund, endlich Valeries Wohnung zu verlassen, und ein Motiv für eine ziemlich lange Autofahrt auf dem gähnend langweiligen Florida Turnpike. Alles in allem um die 550 Kilometer. Links Wiese, rechts Gras. Dann umgekehrt. Ab und an ein paar Seen, die so sehr zu Florida gehören, dass man das unten im Süden leicht vergisst.

Eigentlich besteht Florida aus mindestens fünf Staaten. Die ebenfalls noch einmal unterteilt sind in bestimmte Regionen oder Ballungszentren. Und das macht diesen Bundesstaat bei allen Wahlen so interessant. Es ist nicht nur ein *battleground state*, also einer mit jeweils so knappen Ergebnissen, dass er immer wieder von den beiden großen Parteien heiß umkämpft wird. Unter Verwendung von Millionen Wahlkampfgeldern. Florida repräsentiert darüber hinaus auch sämtliche Bevölkerungsschichten und wird so zu einer Art Querschnitt durch die USA. Das traut man dem kleinen flachen Urlaubsstaat da unten gar nicht zu. Aber so ist es. Hütet euch, Florida zu unterschätzen! So heißt es stets bei den Wahlkampfmanagern.

Nehmen wir den Norden, der an Alabama und Georgia grenzt. Also zwei Staaten des tiefsten Südens. Mit überwiegend konservativer Grundhaltung. Ländlich geprägt. Und mit Rassenkonflikten, die länger andauerten und tiefer verwurzelt waren als beispielsweise an der Ostküste. Je weiter man in Florida nach Norden kommt, desto mehr wird es wie im Süden. So heißt der viel zitierte Spruch dazu. Der Norden ist den Südstaaten einfach sehr ähnlich. Und dann gibt es doch wieder Ausnahmen. Die Hauptstadt Tallahassee zum Beispiel. Oder Jacksonville.

Oder eben Gainesville. Liegt schon ziemlich weit nördlich. Wird aber noch zum ebenfalls ländlich geprägten Zentralflorida gezählt.

Wenn Miami nicht Florida ist, dann ist Gainesville nicht Nordflorida. Sondern auch wieder eine Ausnahme. Sie können noch folgen? Gainesville ist die liberale Exklave inmitten all des Südstaaten-Feelings. Geprägt von der größten Universität des Bundesstaates mit einem entsprechend jungen Publikum. Und damals einem offen homosexuell lebenden Bürgermeister. Das ist nicht selbstverständlich in den USA.

Beim Durchfahren macht die Stadt einen aufgeräumten, zivilisierten und gepflegten Eindruck. Und Kleinstadt ist in Amerika auch relativ. Gainesville wirkt auseinandergezogen und hingestreckt, wie viele andere Städte auch. Trotzdem, im Vergleich zum verrückten Miami läuft hier alles viel gemächlicher ab. Man könnte auch sagen: brav und behäbig. Studenten hin oder her.

Im Hotel an der University Avenue mitten in der Stadt läuft in der Eingangshalle der Fernseher. Ein Riesenplasmabildschirm, auf dem der Moderator mit besorgter Miene die Abendnachrichten verliest. Es geht wieder mal, wie seit Tagen schon, um die geplante Koranverbrennung in einer Stadt namens Gainesville im Norden Floridas. Ach so, genau, das ist ja hier. Ein Zusammenhang zwischen dem bedrohlich klingenden Ereignis und der beschaulichen Südstaatenatmosphäre lässt sich nicht so leicht herstellen.

„Schauen Sie mal, da", sage ich zu der jungen Frau an der Rezeption. „Der berichtet über Ihre Stadt!" Die Empfangsdame reagiert beeindruckend leidenschaftlich. Das Piercing in der Nase bebt, und sie schüttelt wild den schräg geschnittenen Pony. „Das ist so furchtbar, ich hasse das!", schnaubt sie empört „Wir haben da gegenüber gerade dagegen protestiert!" Um das auch ins Mikrofon zu sagen, bräuchte sie eine Genehmigung vom Management. Die wird am nächsten Tag nicht erteilt. „Verstehen Sie, dazu kann jeder eine persönliche Meinung haben. Wir werden uns als Hotel dazu nicht äußern."

Gegenüber im Bistro, das wirklich delikates Essen zu Studentenpreisen anbietet, geht es ähnlich zu. Gina steht hinterm Tresen und trägt ein T-Shirt mit der Aufschrift: Ich liebe Südasien. Auch schön. „Und wo kommen Sie her?" Aus Deutschland. Die Koranverbrennung, Sie wissen schon. „Ach Gott", meint sie, „wir sind so eine liberale Stadt, und jetzt beanspruchen hier ein paar durchgedrehte Leute die ganze Aufmerksamkeit!" Der Tenor ist überall gleich. *Ridiculous.* Lächerlich.

Was die Stadt an diesem Wochenende eigentlich interessiert, ist der Beginn der Football-Saison. Denn mit den „Florida Gators" hat die Stadt und hat die Universität ein ziemlich starkes Team. Der Nachteil: Die Hotelzimmer sind ausgebucht. Und das zu Preisen, die man ebenfalls *ridiculous* nennen muss. Aber es hilft nichts. Ich muss raus aus dem Holyday Inn und mir für die nächsten Nächte irgendwas anderes suchen. Weiter draußen in einem der zahlreichen kleinen Motels an der Ausfallstraße Richtung Norden.

Während man weltweit in diesen Tagen nur über Gainesville als Hort des Schreckens und Heimat eines durchgeknallten Pastors namens Terry Jones spricht, also über eine vermutlich ganz rechtsextremistische Stadt, schleppt der freundliche pakistanische Motelbesitzer mir im Schweiße seines Angesichts extra noch einen besseren Fernseher in mein Zimmer. Dass sich jemand aus Deutschland tatsächlich aus anderen Gründen als Football hierher verirren könnte! Das rührt ihn schon sehr.

Und da ich wegen der Zeitverschiebung überwiegend nachts arbeite und mich in dem winzigen Eingangsbereich alle paar Stunden mit kostenlosem Kaffee und Bananen versorge, lerne ich nach und nach die ganze Familie kennen. Sie fühlen sich wohl hier. Es ist ihre Stadt. Und daran gibt es überhaupt keinen Zweifel. Auch wenn da draußen irgendwo ein weißer Pastor herumläuft, der weltweit für Aufsehen sorgt. Es ist der Unterschied zwischen real erlebten Szenen und jenen, die das Fernsehpublikum im Rest der Vereinigten Staaten und darüber hinaus aus Gainesville zu sehen bekommt.

Auf der großen Wiese, etwas außerhalb von Gainesville, sieht es allerdings genauso aus wie im Fernsehen. Die „Dove Church" unterhält hier ihr Gemeindezentrum. Ein kleines, bescheidenes Haus mit einem Kreuz. Davor stehen in Reih und Glied aufgebaut die großen Übertragungswagen der Fernsehsender. Die völlig unverhältnismäßig wirken im Vergleich zu diesem Häuschen dort. Es sind wirklich alle da, von den lokalen kleinen Stationen bis hin zu CNN, CBS und ABC. Das Ganze hat auf bizarre Art etwas von einem Campinglager. Die Temperaturen sind entsprechend, mit anderen Worten, es ist brüllend heiß in diesen Septembertagen. Die Sonne knallt vom Himmel, und so gesehen passt die

Ferienstimmung. Nur nicht zum Anlass. Die Ankündigung von Koranverbrennungen am 11. September hat ganze Journalisten-Bataillone ausrücken lassen, die sich hier, so gut es geht, die Zeit vertreiben und darauf warten, dass Terry Jones irgendetwas zum Besten gibt.

Die Stadt Gainesville ist entsetzt, und die Religionsvertreter verstehen die Welt nicht mehr. Ausgerechnet hier. In einer akademischen Atmosphäre, in der alle Kirchen und Religionsgruppen traditionell ein gutes Auskommen miteinander pflegen. Ein Auskommen, das eigentlich vorbildlich ist. Was hat den Mann bloß hierher verschlagen, fragen sich viele. Und aus Solidarität gibt es umso mehr gemeinsame Gottesdienste zwischen Christen und Muslimen. Im Großen und Ganzen bleibt es schließlich dabei. Keine Koranverbrennung, kein weiterer Aufschrei weltweit. Weshalb, dazu haben die Beobachter an jenem Tag verschiedene Theorien. Eine lautet: Nachdem sich sogar der Präsident und der Oberbefehlshaber in Afghanistan eingeschaltet hatten, musste der angebliche Pastor umdenken. Es standen Racheakte gegen US-Soldaten zu befürchten. Er konnte es sich nicht leisten, für die mögliche Ermordung von Amerikanern verantwortlich gemacht zu werden. Andere sagten, das Ganze schien einfach aus dem Ruder zu laufen. Und die Solidarität der Stadt mit den Muslimen, bis hin zu gemeinsamen Gottesdiensten, war überwältigend. Und von Terry Jones offenbar unterschätzt worden. Gainesville kann sich zwei Tage später wieder ganz dem Football widmen.

Bataillone sind diesmal angerückt mit Grillgeräten und den Fahnen ihrer Mannschaft. Während drinnen im Stadion gespielt wird, herrscht draußen Barbecue-Volksfest. Die Frauen in bauchfreien Oberteilen und die Männer in Shorts wandern durch die Straßen, die Parkplatzwärter kassieren astronomische Gebühren, und über allem strahlt ein knalliger Himmel. Was sollte hier gleich noch mal passieren? Keine Ahnung. Heute geht es nur noch um die Florida Gators. Sonst nichts. Schade eigentlich, dass ich schon abfahren muss. Aber ich bin schlicht viel zu müde, um noch irgendeine klitzekleine Veranstaltung wahrzunehmen.

Und um mir eine Bleibe zu suchen. Tja, wie hieß es doch so schön: Schau dir alles an. Meine Lust, hier auch noch die nächsten Wochen zu verbringen, hält sich in Grenzen. Ohne dass ich genauer beschreiben könnte, weshalb. Die Stadt ist bestimmt angenehm zum Wohnen, und sie rühmt sich hoher Lebensqualität. Alles ist ein bisschen geruhsamer, vielleicht sogar ein bisschen amerikanischer als in Miami. Und doch.

Dazu kommt, dass mich Valerie, kaum dass ich in Gainesville eingetroffen war, bereits auf dem Handy angerufen hatte. Sie interessierte sich allerdings weder für den Pastor noch für die Korane, wie ich feststellte, während ich den Jeep mit einer Hand durch die Stadt lenkte und ihr gleichzeitig die neuesten Berichte über das aktuelle Geschehen durchgab. Sondern sie hatte ein Problem. Die Mädels, die sich mein Zimmer angeschaut hatten und es angeblich unbedingt nehmen wollten, kamen nun doch nicht.

Es war ja jedes Mal das Gleiche. „Sie sind einfach so süß!", gab sich Valerie immer aufs Neue von den angeblichen neuen Untermietern entzückt. Vielleicht auch ein wenig, um mich zu ärgern. Denn ich wollte ja nicht bleiben. Und jedes Mal, nachdem es regen E-Mail-Austausch und anschließend eine ganz begeisterte Besichtigung gegeben hatte, blieben die Interessenten einfach weg. Oder sagten ab. Valerie hatte also ein Problem. Nämlich keine Mieteinnahmen mehr. Und bot mir sicher auch aus diesem Grund an, wenn ich noch nichts gefunden hätte, könnte ich selbstverständlich zurück nach Miami. Irgendwie schienen wir aneinander gekettet zu sein.

Und irgendwie war ich ihr sofort dankbar. Zurück nach

Miami, das hatte inzwischen längst die Qualität von „zurück nach Hause". Nach wenigen Monaten hatte sich diese Perspektive bereits festgesetzt. Nach Hause ging es immer Richtung Süden. Dahin, wo die Sonne noch gleißender war. Das Licht noch viel heller als im Rest Floridas. Da, wo es an drei Seiten Wasser gab. Und danach nichts mehr. *The last frontier*. Es war genau das, wo meine Seele sich zu Hause fühlte. Und nicht irgendwo auf dem Land.

Und so kannte ich auch an diesem sonnigen Morgen nur noch ein Ziel: südwärts, I-75! Es ging ganz gut bis St. Petersburg. Kurz hinter der Stadt forderte das Schlafdefizit jedoch unmissverständlich seinen Tribut. Bleierne Müdigkeit setzte ein. Die Autos vor mir kamen immer mal etwas näher heran, dann waren sie weiter weg. Dann wieder direkt vor mir. Dann fielen mir endgültig die Augen zu. Wohltuende Musik aus dem Autoradio, ein bisschen mehr Country als unten in Miami. Dazu monotone Fahrgeräusche und nach getaner Arbeit auf dem Weg in die Heimat. Es setzte augenblicklich eine vollkommene, tiefe Entspannung ein.

Das eigentlich Erschreckende daran war, dass es im Grunde nichts Erschreckendes mehr gab. Es gab keine einzige Schrecksekunde nach dem Sekundenschlaf. Dafür war es schon zu spät. Oder ich war zu müde. Ich wollte einfach nur schnell weiterschlafen. Bei einer sehr einfachen Rechnung von wenigstens sechzig zu vierzig für einen sicheren Tod. Oder zumindest einen schweren Unfall. Riesengroß erschien plötzlich die Heckscheibe eines SUV vor mir. Erstaunlicherweise wurde in irgendeiner Hirnregion noch gearbeitet. Und so entschied sich mein Kopf für eine sachliche Wortmeldung.

Es folgte eine unaufgeregte Ansage. Wir steigen jetzt mal aus. „Nö, wieso denn ...?", jammerte ich noch eine Weile. Und versuchte im Halbschlaf, zu argumentieren. „Alles ist doch gerade so schön!", fiel mir ein. „Nächste Ausfahrt!", erschallte es unerbittlich von oben. Möglicherweise ein sehr dramatischer Moment. Aber er kam mir nicht so vor. Ich trat irgendwie instinktiv auf die Bremse und setzte den Blinker. Lieber hätte ich allerdings weitergeschlafen. Bei schöner Musik und einlullenden Fahrgeräuschen. So einfach war das. Merke: Völlig undramatische, vernunftgesteuerte Momente können Leben retten.

Genau genommen kam ich mir vor wie ein *looser.* So was! Lausige zweihundert Meilen vor Miami schlappzumachen. Das passte überhaupt nicht in mein Konzept des selbstverantworteten Abenteuers. Gepaart mit Stolz auf übermenschliche Anstrengungen. Wie ein begossener Pudel fuhr ich auf dem Parkplatz des nächsten Motels bei Port Charlotte an der Golfküste ein. Ich stellte den Motor ab und versuchte, wieder einzuschlafen. Doch ohne Musik? Und vor allem ohne Klimaanlage?? Im Stehen heizte sich der Innenraum binnen Minuten dramatisch auf. Es half nichts. Ich stieg widerwillig aus, packte meine Sachen und schlurfte in die Hotelhalle.

Und wurde auf der Stelle für meine Vernunft belohnt. Mit einem nagelneuen, äußerst appetitlichen „Country Inn & Suites". Zu einem sagenhaften Zimmer-Preis von 69 Dollar die Nacht. Inklusive Steuern. Es war halt September. Wer macht da schon Urlaub an einer Autobahn durch die Tropen? Und es roch gut. Ich war so dankbar. Für mein gerade eben nicht verloren gegangenes Leben. Und dafür, dass der liebe Gott dazu auch noch ein Zückerchen hingestellt hatte. Direkt an die I-75. Das ich sonst bestimmt niemals gefunden hätte.

Oktober

Am 1. Oktober ist es, als hätte jemand den Schalter umgelegt. Eine leichte Brise geht, und Florida fängt an, zu dem zu werden, wofür viele es lieben. Es ist längst nicht mehr so feucht, wenn auch immer noch sehr warm, und die tropische Sonne noch immer von scheinbar unbeschränkter Intensität. Doch der entscheidende Punkt ist die relative Trockenheit, die nach der Hurrikan-Saison allmählich einsetzt. Man kann es in jeder Sekunde spüren. Dazu tiefblauer Himmel, grüne Palmen, da und dort rot blühende Sträucher. Ende des tropischen Sommers. In dem man mitunter drei Stunden unter einem Vordach verbringen muss, um das Ende eines Sturzregens zu erwarten. Oder man richtet sich eben darauf ein, ohne einen trockenen Faden am Leib nach Hause zu kommen. Das Wetter macht es einem ab sofort einfacher, etwas mehr von der Stadt zu sehen.

Der Tag in Amerika beginnt ohnehin schon viel entspannter – allein durch die Zeitverschiebung. Auch an der Ostküste. Minus sechs Stunden zu Deutschland. Man kann so früh aufwachen, wie man will, man erwacht im besten Falle gerade noch rechtzeitig für die Mittagssendung zu Hause. Es sei denn, man möchte mehr oder weniger in der Nacht aufstehen. Der ganze Tag fühlt sich also von vornherein schon mal ein bisschen schlampert an. Selbst wenn man früh um halb sieben aufgestanden ist. Man kann gar nichts dagegen machen. Man muss sich dem einfach fügen. Wenn es ordentlicher Morgen wird, also gegen halb zehn, zehn, ist in Deutschland bereits – Nachmittag. Die Welt dort steuert auf Büroschluss zu. E-Mails, die jetzt nicht verschickt, Telefonanrufe, die bis jetzt nicht getätigt wurden, müssen eh bis morgen warten. Vice versa, E-Mails, die bis jetzt nicht da sind, kommen heute nicht mehr. Diese Themen sind erst mal vertagt. Genau so – alles, was bis morgen irgendwo sein muss, hat noch Zeit. Bis in den späten Abend. Wer etwas morgen früh in Deutschland auf dem Schreibtisch haben muss, kann dies auch noch am frühen Morgen erhalten. Also wenn hier später Abend ist.

Mit anderen Worten – ab dem Vormittag breitet sich vor einem eine weite, große Fläche dieses neuen Tages aus. Unbehelligt von Anrufen aus Deutschland (wo, wie gesagt, längst Feierabend oder Nacht ist), von Behördenkram, der dort zu regeln wäre. Amerika kann in Ruhe seinen eigenen Geschäften nachgehen. Man kann alles abwarten. Den Tag hier auf sich zukommen lassen. Der Blick wendet sich ab vom anderen Ufer des Atlantiks, von dem, was in Europa so los ist.

Es sei denn, die Abend- oder Spätabendsendungen sind mit Beiträgen zu beliefern. Das bedeutet wiederum vollen Einsatz bis zum Mittag oder bis zum Nachmittag. Normalerweise finden jedoch Feierabend und Freizeit im Lauf des Tages statt. Während es gegen Abend noch einmal aufzudrehen gilt, um beispielsweise als Autor oder Korrespondent die Frühsendungen zu beliefern.

Es mag wie eine Binsenweisheit klingen, aber in einem Land zu leben und darüber zu schreiben sind zwei völlig verschiedene Dinge. Zumal es nicht die Sprache des Landes sein soll, in der geschrieben wird. Es ist so, als würde sich etwas zwischen uns und das Leben dort draußen schieben. Eine zweite Ebene ist eingezogen. Etwas ist verarbeitet – und nicht mehr *first hand* zugänglich.

Es ist etwas anderes, in ein Land einzutauchen – oder darüber zu reflektieren. Es ist etwas anderes, sich quasi selbst einzubürgern, ein Teil dessen hier zu sein, ein Teil der Gesellschaft – oder für ein Publikum zu Hause zu schreiben.

Es ist, als würde man einen anderen Gang einlegen. Ins Amerikanische zu wechseln. In die Sprache, in den Stil. In die Umgangsformen. Eintauchen in diese Welt und in die Gesellschaft dazu. Ich möchte dann eigentlich gar nicht mehr zurück. Deutsch schreiben. Deutsch denken. Plötzlich zwischendurch auf Deutsch ein Interview führen. Weil jemand es BESONDERS GUT gemeint hat und einen deutschen Muttersprachler auftreiben konnte. *It is like shifting into a different gear.*

Als Dolmetscher, vor allem als Simultandolmetscher, ist das die tägliche Aufgabe. Aber das Gehirn ist dann genau darauf eingespielt. Die entsprechende Hirnregion trainiert. Ich bewundere es sehr, und eines Tages möchte ich die Erfahrung auch mal machen. Aber es verhindert für mich vielleicht dieses vollkommene Eintauchen in eine andere Welt. Dieses Zu-jemand-anderem-Werden. In einer Rolle aufgehen. Wie das ein Schauspieler versucht, allerdings für eine jeweils festgelegte, begrenzte Zeit. Auf eine gewisse Art weigerte ich mich auch, zwischen den *gears* zu wechseln. Ich fühlte eine Weile Widerstand, zu Hause Literatur über Miami zu lesen. Es tat zu weh. Ich wollte gern da sein. Mit der aktuellen Internetseite des Miami Herald ging das. Aber auch nur für eine bestimmte Zeit.

Dazu kommt eine neue Gegend. Weg von South Beach. Oder dem, was die Einheimischen als solches gelten lassen. Streng genommen reicht es nur bis knapp über die 20. Straße. Besonders gewiefte Vermieter drehen ahnungslosen Quartiersuchenden aber unter der Überschrift South Beach gern alles bis zur 71. an. Was natürlich Quatsch ist. Die Villengegend rund um die 41. Straße ist in jedem Falle schon mal weniger von Touristen geprägt, und das kann eine echte Wohltat sein. Es riecht plötzlich nicht mehr nach warmem Abfall, wie morgens an der James Avenue. Und die *drugstores* sind sauber und anscheinend etwas billiger als zwanzig Straßen weiter südlich. Die Hauptstraße, die quer hindurchführt, ist die legendäre Arthur Godfrey Road. Ein wohlhabendes, vor allem orthodoxes, jüdisches Viertel.

Ausgerechnet, sagen manche.

Arthur Godfrey war vor allem in den Vierziger- und Fünfzigerjahren ein Radio- und Fernsehstar. Zeitweilig kam seine Show aus Miami Beach. Eine bessere Werbung für die Stadt war damals kaum denkbar. Interessanterweise wurde ihm Antisemitismus vorgeworfen, doch wenn es so war, dann passte das damals traurigerweise in die Zeit. „No dogs" war auf Schildern in den Miami Beach Hotels zu lesen. Und außerdem „No jews". Und „Always a view, never a jew". Damit durften Hotels noch bis Ende der Vierzigerjahre offiziell werben. Wer's nicht glaubt, kann in das jüdische Museum südlich der 5. Straße von South Beach gehen und sich dort die jüdische Geschichte von Miami Beach erklären lassen. Schon Carl Fisher, der Gründervater der Stadt, war Antisemit. Er legte 1915 den Grundstein für das Ferienparadies und verfügte, dass Juden Grundstücke weder pachten noch kaufen durften. Auf dem riesigen Streifen von Surfside, also etwa an der 95. bis hinunter zur 5. Straße, war folglich alles für Juden tabu. Und so richteten sie sich damals vor allem dort ein, South of Fifth, kurz SoFi, wie die Gegend an der Südspitze von Miami Beach heute genannt wird, die sich zu einem trendigen Viertel entwickeln soll.

Es waren nicht die Reichen unter ihnen, die sich zunächst in Miami Beach ansiedelten. South Beach wurde mehr und mehr zum Wohnsitz der Pensionäre von der Ostküste. Die Eigentümer vermieteten die ehemaligen Hotels an sie für wenig Geld. Dort, wo sie in ihrer Jugend Urlaub gemacht hatten, wollten sie nun ihren Lebensabend verbringen. Anfang der Siebzigerjahre, als die Stadt mehr und mehr heruntergekommen war, lebten viele von ihnen von bescheidener Rente und *medicare*, die überwiegende Mehrheit war über 65 Jahre alt. Sie hatten ihr Arbeitsleben z. B. oft in der Bekleidungsindustrie von New York verbracht und gehörten zu den letzten großen Einwanderungswellen aus Europa. Säkulare Juden, belesen, aktuell informiert und oft Links-der-Mitte-Wähler der Demokratischen Partei. Sie hatten in ihrem Leben schon viel durchgemacht und hofften nun auf einen angenehmeren Lebensabend im warmen Süden. Doch die Stadt machte ihnen mit ihrem Wiederbelebungsplan für Miami Beach erst recht das Leben schwer. Die Häuser, in denen sie wohnten und für deren Instandhaltung sie selbst kein Geld hatten, sollten weiter verfallen und anschließend abgerissen werden. Viele von ihnen waren allein und krank und lebten von wenig Geld. Unter anderem ihr Schicksal befeuerte Jahre später die Bemühungen, South Beach architektonisch zu retten und anders als durch kompletten Abriss zu neuem Leben zu verhelfen.

An der Arthur Godfrey Road, der 41. Straße, fallen heute die vielen Banken auf, aber mehr noch die Männer mit großen schwarzen Hüten und langen, schwarzen Locken, die vorbeieilen. Und noch mehr die Frauen in der Hitze mit langen schwarzen Strümpfen oder langen Kleidern und Tüchern in den Haaren. Sie geben der Straße eine ganz besondere Note. Vor allem im Kontrast zum nahen Strand und der überall im Stadtbild ganz überwiegend sichtbaren braunen Haut.

Bei Dunkin' Donuts stehen sie morgens alle in einer Reihe nach Kaffee an. Und ihrem *everything bagel* mit *creamcheese*. Die schicken Banker und die Frauen in den langen wallenden Kleidern. Die mit den kurzen Shorts und Kindern auf dem Arm. Und vor allem Menschen jeder Schattierung der Hautfarbe. Man kann dort stundenlang sitzen, in diesem ganz normalen Laden, und die Vielfalt bestaunen. Es wird einfach nie langweilig, vor allem auch, weil alle total geschäftig erscheinen. Viele halten nur mal kurz mit dem Auto an und holen ganze Tabletts mit Kaffee für ihre Kollegen heraus. Die einen fahren vom Strand, wo sie wohnen, zur Arbeit nach Miami. Die Arthur Godfrey Road immer geradeaus, die nach einigen hundert Metern zum Julia Tuttle Causeway wird. Einer der großen Dämme, die Miami und Miami Beach über Biscayne Bay verbinden. Die anderen wohnen in der Nachbarschaft. Die wenigsten scheinen auf dem Weg ans Meer, denn wie gesagt, Touristen gibt es hier nur wenige.

Ich musste hier die eine oder andere Stunde verbringen, wenn zu Hause das Internet ausgefallen war. Oder weil ich auf einen Banktermin gegenüber wartete. Die Finanzgeschäfte in Amerika sind eine Wissenschaft für sich. Nicht erst seit der Finanzkrise und seit alle damit anfangen, sich ein wenig mehr damit zu beschäftigen. Das Geschäftsgebaren weist große Unterschiede zu Europa auf, und das macht sich auch im Alltagsleben bemerkbar. Während bei uns Überweisungen zwischen Bankkonten, von einem privaten zu dem einer Behörde zum Beispiel, das Normalste der Welt sind, arbeiten die Amerikaner deutlich mehr mit *cashier checks*. Eine etwas eigenwillige und in diesem Hochtechnologie-Land etwas altmodisch anmutende Zahlungsweise. Eine Kaution für eine Wohnung zum Beispiel wird nicht einfach auf ein Konto überwiesen. Nein, man trabt mit einem Check über vielleicht 2000 Dollar über die Straße, um sie dem Vermieter oder Makler auszuhändigen. Gut, wenn man nicht überfallen wird. Andererseits werden Überweisungen nicht mit Hilfe komplizierter Transaktionsnummern bewerkstelligt, sondern einfach mit der vierstelligen PIN der EC-Karte, hier *debit card* genannt.

Apropos Zahlungen und Bankverkehr. Sollten Sie den Eindruck gewinnen, dass man sie etwas misstrauisch anschaut, sobald Sie ein anderes Zahlungsmittel als die Kreditkarte wählen – so ist das nicht paranoid. Sie gilt immer noch als das eigentlich Normale. Egal, wie viele Schulden sich im Hintergrund gerade auftürmen mögen. Denn anders als oft in Deutschland wird nicht einmal im Moment der ganze Betrag abgebucht. Sondern – wie in Deutschland auch möglich, aber nicht in dem Ausmaß verbreitet – die Schulden werden aufgehäuft und in monatlichen Raten unter hohen Zinsen abbezahlt. Das Desaster der Finanzkrise konnte an dem Phänomen nicht viel ändern. Kommen Sie allerdings mit einer *debit card*, wird man Sie im schlimmsten Falle geringschätzig anschauen. Denn eine *debit card* heißt hier übersetzt: Ich habe mich so hoch verschuldet, ich kann meine Kreditkartenschulden nicht mehr bezahlen, sodass ich keine Kreditkarte mehr bekomme. Nur noch eine *debit card*. Der Name hat womöglich einiges mit dieser Verwirrung zu tun: Schulden-Karte.

Irgendwann nervten mich die Blicke an der Kasse des kleinen Ladens in meinem Apartmentgebäude, und ich begann, der Sache auf den Grund zu gehen. „Wissen Sie", belehrte ich den jungen Verkäufer, „eine *debit card* bedeutet genau genommen, dass ich ein Konto habe, auf dem sich Geld befindet, mit dem ich hier direkt bei Ihnen an der Kasse bezahle. Das ist doch eigentlich etwas Gutes, oder?" Der junge Mann nickte wortlos. Er sah aus, als hätte er gerade etwas dazugelernt. „Während, wenn ich mit einer Kreditkarte bezahle, dies überhaupt nicht der Fall sein muss. Also gibt es doch gar keinen Grund, abschätzig auf eine *debit card* zu gucken." Er stimmte zu. Dennoch, wahres Geld auf dem Konto mag in Deutschland ein Ausweis von Fleiß und solider Lebensführung sein. In den USA macht es eventuell erst mal misstrauisch. Geld gehört unter die Leute, und Kreditwürdigkeit bedeutet mehr als ein dickes Konto mit Erspartem. Es ist ein kultureller Unterschied, der einem häufiger begegnet.

Mit den Krediten ist es so eine Sache. Denn um einen

hier zu bekommen, braucht man einen *credit score*. Also eine Klassifizierung, wie verantwortlich bisher Kredite zurückgezahlt wurden. Wer jedoch noch nie einen Kredit hatte, hat demzufolge auch keinen *score* und kann keinen Kredit aufnehmen. Den Anfang macht – in aller Regel – dann eben doch eine Kreditkarte. Für die man eine Kaution hinterlegen muss. Und schon wenn man sich ein paar Schuhe für vierzig Dollar mit dieser Karte kauft, und die vierzig Dollar von einem Konto abgebucht werden – schon hat man einen kleinen und dazu noch positiven *credit score*. Der im Falle des Falles irgendwann mal zu mehr berechtigen könnte.

Mit der Auskunftsfähigkeit der Banken allerdings ist es genauso eine Sache. Bei den Überweisungen, die ich von meinem deutschen auf mein amerikanisches Konto tätigte, fiel regelmäßig eine krasse Differenz auf. Und zwar zwischen dem, was als Dollar angekommen war, und dem, was ich bei dem überwiesenen Euro-Betrag eigentlich nach dem jeweiligen aktuellen Kurs zu urteilen hätte haben müssen. Eine weitere Lektion in Finanzwirtschaft stand bevor. Ich versuchte, diese einfache Frage in der Citibank zu stellen, und bekam binnen einer halben Stunde drei verschiedene Auskünfte. Ja, da werde ja eine Gebühr erhoben, hieß es. Immer zehn Dollar pro Überweisung. „So, so", machte ich ohne Überzeugung. Dann müsste die Differenz zum aktuellen Wechselkurs ja immer genau gleich sein. Ist sie aber nicht. „Ah, ja. Da erkundige ich mich noch mal", erklärte die freundliche Mitarbeiterin.

Und telefonierte lange mit der Citibank-Hotline, auf die auch sie angewiesen zu sein schien. Ergebnis: Es sind immer drei Prozent. Leider konnte auch das nicht stimmen, denn bei der letzten Überweisung waren es nicht drei Prozent, sondern mindestens fünf. Kurze Nachfrage beim Filialleiter – ja genau, es sind fünf Prozent. Als es bei der nächsten Überweisung aber auch nicht fünf Prozent waren, sondern noch etwas anderes, wurde ich böse. Es leuchtete mir nicht ein, wie eine so einfache Frage keine eindeutige Antwort nach sich ziehen konnte. Es bedurfte eines eigenen Termins mit dem Manager in einer anderen Filiale, und zwar in der der Arthur Godfrey Road, um dem Geheimnis auf die Spur kommen. Bei der Überweisung einer fremden Währung in die USA veranschlagt die Citibank mitnichten den aktuellen Wechselkurs, sondern irgendetwas, das WEIT darunter liegt. Die Auflösung des Preisrätsels war gefunden und auch der Ausweg: Überweisungen immer gleich in Dollar vornehmen. Das deutsche Institut berechnet im Zweifel stets den besseren Kurs. Allerdings – es funktioniert nur dort, wo diese Kooperation zwischen einer deutschen und einer amerikanischen Bank besteht. Anderenfalls wird es noch komplizierter.

Die Arthur Godfrey Road gilt als orthodoxes jüdisches Viertel, was dem normalen Passanten eigentlich nur durch die Kleidung bei Menschen auf der Straße deutlich wird. Davon abgesehen gilt für Miami, wie für Florida, wie für andere Orte in den USA: Im Stadtbild ist jedenfalls erkennbar, dass hier überhaupt Menschen jüdischer Religion leben. Eine mehr oder weniger große Schicht, die in Deutschland nicht mehr zu finden ist. Ein Stück Kultur, das es kaum noch gibt. Ein Teil der Gesellschaft, der nicht mehr vorhanden ist. So, wie es einmal war. Ermordet oder geflohen. Nach Israel, aber auch in die USA.

Bei Veranstaltungen zum Beispiel, auf denen die Teilnehmer Namensschilder tragen, wird es besonders augenfällig. Eine davon – ein *fundraising dinner* des *Innocence Projects*. Wie auch in Deutschland inzwischen bekannt, handelt es sich dabei um eine Organisation, die sich mittlerweile überall in den ganzen Vereinigten Staaten engagiert. Und so auch in Florida. Ihr Ziel ist es, Unschuldigen, die teils seit vielen Jahren im Gefängnis sitzen, dabei zu helfen, diese Unschuld zu beweisen. „Weißt du, Bettina, ich habe es früher nicht für möglich gehalten – WIE VIELE Menschen unschuldig im Gefängnis sitzen", sagt Freundin Jodie, eine der Anwältinnen, die früher als Staatsanwältin in Miami gearbeitet hat. Die Dimension wurde erkennbar, seit durch DNA-Tests diese Nachweise deutlich einfacher als früher geführt werden können. Aber dafür braucht es Geld, um Tests durchzuführen, um Beweismaterial nochmals zu sichten, und manchmal gibt es am Tatort auch keine DNA-Spuren. Dann wird es noch schwieriger. Im *Innocence Project* sind viele Anwälte aktiv, sie sammeln Geld, und sie haben den Willen, ihren Mandanten zu helfen. Die Liste der aus dem Gefängnis Geretteten liest sich beeindruckend. Teils haben die schließlich als unschuldig Entlassenen über zwanzig unwiederbringliche Jahre ihres Lebens im Knast verbracht.

Auf den Namensschildern im Four Seasons Hotel liest man an diesem Freitagabend tatsächlich viele jüdische Namen. Hersh, Salomon, Eckstein. So viele, dass der Unterschied zu Deutschland wieder einmal auffällt. Es sind Gäste und Unterstützer dabei, auch ein Rabbi mit dem Namen Klein. „Mit dem sind sie aber nicht verwandt?", fragt mein Tisch-Partner, der Anwalt Richard Salomon, mit dem sich Jodie das Büro teilt. Und dem ich das Ticket für diesen Abend zu verdanken habe. Er weiß, dass ich aus Deutschland komme, und manchmal frage ich mich im Stillen, ob es noch immer Vorbehalte gibt, irgendetwas, das aufgrund unserer Geschichte, es noch immer nicht normal sein lässt, sich mit einem Anwalt jüdischer Herkunft zu unterhalten. Wenn es so wäre, dann ließe er sich absolut nichts anmerken. Er schwärmt von München, wie viele Amerikaner, und er erwähnt anerkennend und mit mahnendem bis besorgtem Gesichtsausdruck, dass die Deutschen ja nun wohl mit ihrem Geld die europäische Währung und den Rest Europas retten müssten.

Am nächsten Morgen sitzen wir draußen um die Ecke beim Frühstück und sprechen über den vergangenen Abend. Ich schildere meine Beobachtungen. „Nein, ich glaube nicht", sagt Jack. Da gibt es kaum noch Vorbehalte. Oder gar keine mehr. Sie machen eher Witze darüber, über sich selbst vor allem. „Und wisst ihr", sage ich laut, weil alle so laut reden, „da gab es auch einen Rabbi namens Harry Klein, und Richard hat mich gefragt, ob ich mit ihm verwandt sei ..." Ungefähr eine Minute später tritt ein älterer, freundlicher Herr mit blauen Augen und Goldrandbrille an unseren Tisch. „Entschuldigen Sie bitte, aber ich habe gerade meinen Namen gehört – That's me, I'm Rabby Harry Klein ...!"

Würden wir uns in der Welt der Werbung befinden, so könnte man sagen, dies war wieder einer jener amerikanischen Momente im Leben. Der Menschen scheinbar zufällig zusammenführt. Menschen, die dann auch noch die Situation erkennen – und aufeinander zugehen. Das Unmögliche passiert. Das Undenkbare wird denkbar. Meistens alles innerhalb einer Zehntelsekunde. Der Blitz schlägt ein. Wieder eine Geschichte wie ausgedacht. Es ist, als würde das Leben hier vor allem für Geschichten sorgen wollen. Jedenfalls geht es mir so. Und das scheint einer der Belege dafür zu sein, dass ich hier richtig bin. Am richtigen Ort. Es sind Geschichten, die nach Zufällen aussehen. Die von unverhofften Begegnungen handeln. Und meistens haben sie etwas damit zu tun, dass alles mit allem zusammenhängt. Dass Menschen oder Dinge, die man eigentlich weit voneinander entfernt vermutet, plötzlich im selben Moment an derselben Stelle erscheinen. Oder das Gleiche tun und denken, obwohl sie weit vonaneinander entfernt sind. Manchmal weisen mehrere Erlebnisse am selben Tag wie virtuelle Pfeile auf ein und dasselbe Ereignis.

Wie oft habe ich das beruflich erlebt. Du wirst einfach weitergereicht, hatte mich ein Kollege schon mal vorbereitet.

Und genau so ist es. Beim Versuch, Termine zu machen, um über ein Thema zu berichten, ist es genau das. Man fängt irgendwo an. Mit einer E-Mail. Oder einem Telefongespräch. Und auch wenn man noch wenig über den Sachverhalt weiß und fast niemanden kennt, der damit zu tun hätte – es geht meistens sehr schnell. Man wird weitergereicht. Vielleicht kann A nicht helfen, aber sofort landet man bei B, parallel stellt sich heraus, dass man auch C, D und E hätte fragen können, und so weiter und so fort. Niemand verwendet im Alltag Energie darauf, andere in ihrer Energie zu bremsen. Wie man es in Deutschland nicht selten erlebt. Das Feuer wird einfach weitergegeben. Alle scheinen zu wissen, dass dies das einfache, große Geheimnis ist. Keine Angst vor *excitement!* Das hierzulande immer als übertrieben oder naiv oder zu überschwänglich kritisiert wird. ZU OPTIMISTISCH! Wenn man in Deutschland nicht als Erstes auf die Mängel, die möglichen Probleme und Gefahren einer Situation verweist, dann glaubt man, man hätte seine staatsbürgerliche Pflicht nicht getan. Wenn man nicht erst mal alles schlechtredet. Aber das ist einfach falsch. Es ist einer der Gründe dafür, weshalb in einem der reichsten und sichersten Länder der Erde die Stimmung oft so mies ist.

Und noch etwas fällt auf. In einem Land, in dessen Geschichte Antisemitismus durchaus anzutreffen war, sind zwei Dinge zumindest inzwischen anscheinend tabu. Neid und Missgunst. Natürlich, es gibt sie. Wahrscheinlich ist auch hier kaum ein Mensch sein ganzes Leben lang völlig frei davon. Aber es gibt einen großen Unterschied. Neid und Missgunst sind sozial nicht anerkannt. Man wird bei einer Party nicht die interessierte und wohlwollende Aufmerksamkeit der Gäste erregen, wenn man herablassend oder gehässig über Erfolge anderer herzieht. So wie man es in Deutschland mitunter erlebt, dass Konversationen einen ganzen Abend lang damit bestritten werden können, sich über den Erfolg des Kollegen XY zu echauffieren. Oder ihn schlecht zu reden. Meist aus missgünstigen Motiven, die als Realitätssinn maskiert werden. Anders, so glaubt man offenbar, wird es nichts mit dem eigenen Erfolg. Passen Sie mit der Attitüde auf in Amerika. Man wird sich von Ihnen abwenden. Erfolg eines anderen heißt immer – der Erfolg ist auch für mich und für jeden weiteren möglich. Und sollte deswegen gefeiert werden. *This is what America is about.* Die Tellerwäscher-Theorie hat keineswegs ausgedient. Vielleicht ist es in diesen Zeiten viel, viel schwieriger, vielleicht gelingt es viel weniger Menschen, buchstäblich oder im übertragenen Sinne, sich zum Millionär hochzuarbeiten. Und doch scheint genau diese Philosophie weiterhin tief in den Genen der Amerikaner verankert. Der Glaube daran, jeder kann es schaffen, wenn er oder sie es nur will. Das hört man nicht nur in Wahlkampfreden. Es ist essentiell in diesem Einwandererland, in das trotz aller Probleme noch immer die Menschen strömen, weil sie sich hier ein besseres Leben erhoffen.

Es ist einer der Gründe für die Beliebtheit eines Marco Rubio in seiner Partei, der in diesem Herbst um einen der beiden Senatoren-Posten für Florida kämpft. Als Kind kubanischer Einwanderer in Miami geboren, in diesem Rennen unterstützt von der Tea Party und vom Geld der reichen kubanischen Community, schafft er es mit 39 Jahren schließlich nach Washington und gilt als Hoffnungsträger der Republikanischen Partei. Auch er hat es aus kleinsten, ärmlichen Verhältnissen – wie er immer wieder erwähnt – ganz nach oben geschafft. Eine *story,* die in Amerika – ganz abgesehen von Charme, Intelligenz und Geld – Zusatz-Pluspunkte verschafft. Er ist ein Beispiel unter vielen.

Es mag überall auf der Welt vorkommen. Aber es scheint hier ein größeres Bewusstsein dafür zu herrschen. Gehe einen Schritt auf deinen Traum zu. Einen Schritt auf dein Ziel. Und sieh, wie sich alles um dich herum bewegt. In die gewünschte Richtung. Wie von Zauberhand gesteuert. Manche nennen es Synchronizität. Andere schreiben schon Goethe diese Erkenntnis zu. Oder den alten Philosophen. Es ist auch ein Lehrstück über das Prinzip der Eigenverantwortung und darüber, dass Menschen ihr Schicksal in die eigene Hand nehmen können, auch wenn es nicht danach aussieht. Vielleicht nicht überall in der Welt. Viele sind in der Geschichte deswegen hierher ausgewandert. Es erscheint mir so, als würde hier besonders viel Gebrauch davon gemacht. Von dieser Bewegungsform der Energie. Als wäre auch das, wie manche sagen, schlicht *what America is about*.

Der Rabbi und seine Frau stehen lange bei uns am Tisch. Bis sie sich einfach entschließen, ihr gerade begonnenes Frühstück zu uns herüberzuholen. Seine Frau macht sich Sorgen. „Wissen Sie, hier denken eigentlich alle nur noch an sich. Seit Jahren ist das schon so. Deswegen ist uns dieses *Innocence Project* so wichtig. Es ist eine Wohltat, zu sehen, wie viele sich da uneigennützig engagieren. Und wie viele von uns dabei sind."

Ich überlege. Von wie viel Charity-Projekten habe ich in den vergangenen Monaten erfahren. Wie viele kleine, mittlere und große Aktivitäten gibt es in den Kommunen. Es gibt nie nur einen Ansprechpartner, sondern bestimmt gleich mehrere Organisationen oder Gruppen, die sich irgendwo zusammengetan haben, wenn es ein Problem gibt. Oder sie etwas erreichen wollen.

„Wissen Sie", fange ich jetzt meinerseits an, „Sie mögen recht haben, was die Entwicklung in den USA angeht. Aber wenn ich das Bürger-Engagement hier mit dem in Deutschland vergleiche, ich glaube, da brauchen Sie sich wirklich nicht zu verstecken!" „Ach, meinen Sie tatsächlich?" Die Frau vom Rabbi ist sichtlich angetan. Und beruhigt. Es freut sie ehrlich, dies aus meinem Munde, aus dem einer Besucherin, zu hören. Wir tauschen alle E-Mail-Adressen aus. Auch wenn ich mit Rabbi Harry Klein nicht verwandt bin. „Ich werde mich jetzt immer besonders freuen, wenn ich meinen Namen schreibe", sagt er zum Abschied charmant. „Und dabei an Sie denken."

November

„Bei euch da oben soll eine gefährliche Quallenart angespült worden sein", meldet sich Anna am Telefon „50. Straße aufwärts, haben sie gesagt." Anna lebt am South Point, am südlichsten Punkt von South Beach also, direkt am Government Cut. Jener Wasserstraße, jenem Einschnitt, der 1927 im Auftrag der Regierung quer durch die Südspitze von Miami Beach geschlagen wurde, um eine bequeme Durchfahrt vom Hafen Miami aus hinaus ins offene Meer zu bekommen. Sie haben damals die ursprüngliche Spitze der vorgelagerten, langgezogenen Halbinsel einfach abgeschnitten. Nun liegt die ehemalige Südspitze jenseits des Government Cut als Fisher Island vor der Tür. Benannt nach eben jenem Carl Fisher, der 1915 Miami Beach gegründet hat. Man kann von Annas Fenster aus direkt hinüberschauen.

Tag für Tag fahren die Frachter und Boote an ihrem Haus vorbei. Vor allem aber Kreuzfahrtschiffe. Riesige Hochhäuser, in die man von ihrer Wohnung im siebten Stock hineinsehen kann. Miami hat den größten Kreuzfahrt-Hafen der Welt. Zur Gesellschaft „Carnival" gehörte auch jenes vor der italienischen Küste havarierte Schiff, das die Gesellschaft ordentlich in Erklärungsnot brachte. Die Dinger sind aus nächster Nähe betrachtet einfach gigantisch. „Weißt du, wie ich mich erschrocken habe", sagt Anna, „in meiner ersten Nacht hier in der Wohnung, als ich noch keine Gardinen hatte? Und plötzlich fährt ein beleuchtetes Hochhaus direkt an meinem Bett vorbei!" Aber das ist fünfzig Blocks entfernt. Bei ihr heute jedenfalls keine Quallengefahr.

„Ich habe keine Ahnung, ob bei uns welche sind", sage

ich wahrheitsgemäß. Denn ich war schon zwei Tage nicht mehr am Strand. Zu viel Arbeit. Im November kehrt dank der angenehmeren klimatischen Verhältnisse das gesellschaftliche Leben nach Miami zurück. In Form von Großereignissen wie der Miami Book Fair, die über Tage Zigtausende Besucher und Autoren aus den ganzen USA hinunter nach Südflorida zieht. Während es vielerorts schon frisch wird in den Vereinigten Staaten, lässt es sich hier bei angenehmen 25 Grad über die Straßen flanieren. Der Höhepunkt der Messe ist die *street fair*, bei der man Autoren, Verlage und Buchhändler an Ständen unter freiem Himmel treffen kann. Na gut, manchmal ist es auch noch wirklich ziemlich heiß. Aber wie gesagt, die Luftfeuchtigkeit geht zurück und macht die Wintersaison hier um einiges angenehmer. Jedenfalls für Nordamerikaner und Mitteleuropäer.

Den Auftakt macht ein Texaner. Der Ex-Präsident. Er hat ein Buch geschrieben, von dem sich die Weltöffentlichkeit Aufklärung verspricht. Demut. Eingeständnisse. Wie war das mit dem Irakkrieg, weshalb wurden Gefangene mittels Water Boarding gefoltert? Weshalb Guantanamo? Hat er etwas zu bedauern, hat er etwas zu bereuen? Zu diesem Zeitpunkt ist bereits klar, und zwar bereits mehrere Tage, seit Erscheinen seines Buches nämlich, dass sich die Weltöffentlichkeit, auf jeden Fall die europäische, jedenfalls die deutsche – enttäuscht zeigt. Denn so richtig viel bedauert George W. nicht. Das Buch gilt unter diesen Gesichtspunkten bereits als – Flop. Um es schön auszudrücken. Aber auch die amerikanische Öffentlichkeit ist, wie man weiß, gespalten. An diesem sonnigen Sonntagnachmittag kommen rund vierhundert Anhänger in einen der großen Säle des Miami Dade College. Binnen Minuten waren im Internet die Karten ausverkauft. Natürlich vor allem an seine Anhänger. Wer sich vorgestellt hätte, hier Demonstranten oder Buh-Rufer vor das Mikrofon zu bekommen, muss umlernen. Nicht dass man keine

Megafone oder Schlimmeres hätte einschmuggeln können. Man hätte eigentlich auch mit einem selbst gebastelten Sprengsatz sorglos hineinspazieren können. Die Sicherheitsvorkehrungen in Amerika sind manchmal selbst besorgniserregend. Manchmal sind sie einfach nicht vorhanden. Der Ex-Präsident kommt, und die Presseleute werden gebeten, sofern sie mehr Equipment als einen Bleistift mitbringen möchten, vier Stunden vor Beginn der Veranstaltung zu erscheinen. Vier Stunden. Nun gut. Es ist der Ex-Präsident, und wir sind in Amerika. Variante eins in puncto Sicherheit – jedes einzelne Haar wird durchleuchtet – schien in Kraft zu treten. Doch was passierte dann? Niemand würdigte meinen *voice recorder* oder meine Tasche auch nur eines einzigen Blickes. Keine Sicherheitsvorkehrungen. Kein Tasche-Auspacken, Schuhe-Ausziehen, keine Sprengstoff-Untersuchung. Nichts. Ist das jetzt hier wieder mal Miami? Alles etwas lockerer? Ich gab mein Aufnahmegerät bei den Kollegen vom Fernsehen in Pension, die sich daranmachten, ihre Kameras auf dem Presse-Podium aufzubauen. Mir gefällt das, wie alle gleich gut Freund sind. Auf kollegiale Weise natürlich, aber man ist sofort ein Team. Ich suchte noch eine geeignete Steckdose in der Saal-Anlage und verabschiedete mich erst mal zum Brunch.

Ein paar Stunden später füllte sich der Saal. Auch dieses Mal hätte ich die abenteuerlichsten Dinge wieder mit hineinschmuggeln können. Keinen interessiert's. Die Gäste brauchen eine Karte, für die Presse reicht die Anmeldung. Und ich soll Anna ein Buch mitbringen, das es für den Eintrittspreis von vierzig Dollar dazu geschenkt gibt. Ladenpreis 39 Dollar. „Ladies and gentlemen, it's an honor to be able to introduce the 43rd President of the United States, George Walker Bush ..." Riesengeschrei. Gekreische und Gejohle. George W. Bush hat ein Heimspiel. So viel ist gleich klar. Sein Bruder Jeb war acht Jahre lang Gouverneur von Florida.

Heute gilt er wiederum als ein Hoffnungsträger seiner Partei. Viele hätten sich gewünscht, er wäre 2012 zu den Wahlen angetreten. Manche glauben, Jeb will noch ein bisschen mehr Zeit verstreichen lassen. Nach den Amtsperioden seines Bruders. Mit seinem Namen und diesem Bundesstaat ist auch der umstrittene Ausgang der Präsidentschaftswahlen im Jahre 2000 verbunden, die George W. seinerzeit schließlich den Sieg bescherten.

Dies hier scheint jedenfalls eine Art Fan-Veranstaltung zu sein. Obwohl man den Chef und Gründer der Book Fair, Mitchel Kaplan, ganz bestimmt nicht zu den politischen Freunden des Ex-Präsidenten zählen kann. Aber auch das ist anders hier in Amerika. Das Land ist polarisierter denn je – und dennoch bleibt immer wieder eine Kultur spürbar, in der zumindest sportlicher Respekt vor dem anderen politischen Lager selbstverständlich ist. Und nicht die feindseligen Grabenkämpfe, die auch noch bei Nicht-Politikern anderswo oft die Konversation dominieren. Natürlich, er ist der geladene Gast einer Buchmesse, und der Moderator Michael Barone führt kein investigatives Interview. Sondern ein persönliches. In dem auch die schwierige Beziehung zum Vater und die Präsidentwerdung eines Ex-Alkoholikers Gegenstand der Verhandlung sind.

Anna hat sowohl für Vater als auch für Sohn Bush gearbeitet. Im Handelsministerium. Aber die Buchvorstellung muss sie – ehemalige Mitarbeiterin der Regierung – schwänzen wegen einer Dienstreise. Und ich soll Bericht erstatten. Vor allem ist sie auf meine Wahrnehmung als Nicht-Amerikanerin gespannt. Die ihn natürlich wie alle anderen auch über viele Jahre im Fernsehen gesehen hat. „Und wie fandest du ihn? In natura wirkt er ganz anders, oder? Im persönlichen Umgang ist er einfach – unglaublich warmherzig und kumpelhaft!“ Hmm. Die deutsche Kanzlerin hatte sich mit ihm offenkundig auch wohler gefühlt als mit seinem

Nachfolger Obama. Für mich saß er ein bisschen zu weit weg. Um die Erfahrung einer Mitarbeiterin oder des gemeinsamen Grillens in Trinwillershagen nachzuvollziehen. Also fand ich ihn mehr oder weniger, wie alle ihn immer beschrieben haben. Dazu ziemlich humorvoll und texanisch. Und außerdem irgendwie ängstlich. Erstaunlich für einen ehemals mächtigsten Mann der Welt.

Gleich nach der Miami Book Fair folgt der nächste Höhepunkt, auf den sich ab Ende November alle vorbereiten. Und wieder ist Achtung angesagt. Bei den Hotelzimmern. Preise! Was normalerweise hundert Dollar kostet, steigt Ende des Monats mindestens auf das Doppelte. Oder Dreifache. Genau. Kunstkenner erstürmen die Stadt. Mäzene. Lauter Leute mit ziemlich dicken Taschen und Geldbeuteln. Sie kommen zur Art Basel, die seit gut zehn Jahren auch in Miami Beach veranstaltet wird. Sie heißt dann folgerichtig Art Basel Miami Beach. Eines der kulturellen Großereignisse, die mit zum jüngsten Boom der Stadt beigetragen haben. Das Interessanteste für das Gros der Besucher sind allerdings die unzähligen „Satelliten-Messen“, die drumherum stattfinden. In Hotels und Foyers, und vor allem in riesengroßen Zelten und Hallen, die auf den immer noch zahlreichen und das Jahr über sonst ungenutzten Grünflächen in Miami für einige Tage errichtet werden. Scoop, Red Dot Art Fair und wie sie alles heißen. Junge Künstler, Unbekannte, Bekannte Avantgarde. Die Auswahl ist überwältigend.

Wir aber wollten auf Kreuzfahrt gehen. Mit dem Schiff Destiny. Mit einem dieser Riesen-Hochhäuser. 3000 Passagiere, fünf Swimmingpools. Essen von morgens bis abends. Hinaus auf die Bahamas. Hinein in das unendliche Blau der Karibik. Mit dem faszinierenden Abschiedsblick auf die Lichter von Miami und Miami Beach beim Verlassen des Hafens. Das Schiff sollte schon bald ablegen. Beeilung war angesagt. Ich düste durch sämtliche Art-Fair-Hallen, in denen noch gehämmert und gesägt wurde, sprach mit den Künstlern und den Veranstaltern, um noch Material für meine Beiträge über die Art Basel zusammenzubekommen. Es war eine Menge zu tun. Viel Zeit blieb nicht.

Zwei Tage also schon nicht mehr am Strand. Eine Ewigkeit, wenn man in einem Haus wohnt, das direkt am Atlantik steht. Und man einfach nur den Hinterausgang benutzen muss. Und wie war das jetzt mit dieser angeblichen Quallenplage? Ich lief nach dem Gespräch mit Anna gleich hinunter, um mal nachzuschauen.

Am Strand liegt jedoch nur allerlei Kinderspielzeug herum. Durchsichtige Plastikteile, zur Hälfte in knalligem Blau, Lila und Türkis. Die Farben wirken absolut künstlich. Aber auch bestechend schön. Diese Teile könnten vielleicht zu einem aufblasbaren Spielzeug-Elefanten gehören, überlege ich. Wie man sie manchmal in den Strandläden sieht. Oder so etwas in der Art. Allerdings ist nicht klar, wie sie da eigentlich angebracht sein sollten. Sie haben zwar eine extrem hässliche Plastiknaht in der Mitte. Und wenn sie von einem Plastik-Elefanten stammen, wie waren sie denn eigentlich daran befestigt?

Das Allererstaunlichste ist: Es liegen davon nicht nur zwei oder drei herum. Sondern, je weiter man den Strand entlangläuft, immer mehr und immer mehr. In allen denkbaren Größen. Von ganz winzig bis hin zum Format eines Wasserballs. Nur eben nicht rund, sondern länglich. Teils in der Form eines *footballs*. Alle aus durchsichtigem Plastik. Und die Farben sind wirklich knallig. Sie wirken fast giftig. Aus manchen dieser Plastik-Eier hängen lange blaue Fäden in den Sand.

Es ist mir wirklich ein Rätsel. Es kann dafür eigentlich nur eine Erklärung geben. Dass nämlich ein Frachter mit Spielzeug draußen vor der Küste, vor der Hafeneinfahrt von Miami, seine gesamte Ladung verloren hat. Die nun hier angespült wurde. Vielleicht haben auch die großen Kreuzfahrtschiffe irgendwas verloren. Eines kann ich zu diesem Zeitpunkt jedenfalls ausschließen. Um ein natürliches Phänomen handelt es sich ganz gewiss nicht.

An jenem Nachmittag habe ich auch noch einen Termin in der renommierten Rosenstiel School, dem Meeresforschungsinstitut der Universität Miami. Am Rickenbacker Causeway gelegen, auf halbem Weg nach Key Biscayne. Die Umweltredaktion zu Hause möchte wissen, wie groß der eingetretene Schaden durch die Deepwater-Horizon-Explosion vor einem halben Jahr inzwischen beziffert wird. Die Meeresforscher sind noch dabei, das herauszufinden. Es gibt überhaupt keine Präzedenzfälle. Der Golf von Mexiko, wo das Unglück passierte, ist riesig. Durchzogen von den verschiedensten Strömungen. Es kann Jahrzehnte dauern, bis man die Schäden für alle Organismen in diesem Gebiet absehen kann, sagen die Forscher.

Dazu kommt: Man weiß zwar ungefähr, wie schädlich Rohöl für Tiere, Pflanzen und Korallenriffe ist. Aber Rohöl in Kombination mit dem *dispersent?* Also jenem Seifenpulver, das in exorbitanten Mengen dem Öl zugesetzt wurde, um es aufzulösen. Das hat bisher noch niemand erschöpfend untersucht. Eine ganz neue Art der Umweltverschmutzung.

Und das Beste ist: Die Forscher, die für die staatliche Behörde arbeiten, die das Unglück untersucht, haben einen Maulkorb bekommen. Sie dürfen bis zum Abschluss aller juristischen Prozesse mit BP nichts Detailliertes aussagen. Einer der renommierten Professoren an der Rosenstiel School zeigt sich selbst einen Vogel. „Ha, ha, die wollten auch, dass ICH für sie arbeite. Das hätte bedeutet, dass ich nichts mehr hätte veröffentlichen können! Und meine Studenten komplett von den Erkenntnissen ausgeschlossen wären. Aber ich arbeite nun mal, um zu lehren und zu veröffentlichen. Nein, da habe ich gesagt, ihr müsst ohne mich auskommen." Nun betreibt er auf eigene Faust Forschungen an diesem Marine-Institut. Die natürlich kleiner im Umfang sind. Und eher etwas Stichprobenartiges haben. Aber dennoch hat man schon sehr Konkretes herausgefunden. Wie sehr die Korallen angegriffen wurden, zum Beispiel.

***

Ich selbst hatte an Tag 23 des Öldesasters die Vereinigten Staaten von Amerika erreicht. Eine solche Zahl war damals noch nicht jedem präsent. Man rechnete damit, dass das Leck schon irgendwann gestopft werden würde. Auch wenn es schwierig werden könnte. Man rechnete nicht mit der ganz großen Tragödie. Am Tag 28 etwa begann ich, mich wieder für Nachrichten zu interessieren. Die großen *news channel* hatten damit begonnen, in ihre laufenden Sendungen Live-Bilder vom sprudelnden Öl einzublenden. Verbunden mit der jeweils aktuellen Zahl, den wievielten Tag das schwarze Gold sich bereits ins Meer ergoss.

Die Kritik an Obamas Krisenmanagement hielt sich noch in Grenzen. Alles fokussierte sich auf technische Details und die Frage, wie es BP wohl gelingen würde, das Loch zu verschließen und gleichzeitig möglichst viel Öl abzusaugen. Das Ganze schien vor allem eine technische Herausforderung. Die der Ölkonzern immer wieder mit neuen klangvollen Namen für die nächste spektakuläre Aktion illustrierte. So ließ sich eine Weile Energie und Aufmerksamkeit unterhaltsam binden. Jeder weiß, dass das vielen Menschen spannend erscheint. Und sie sich weniger hilflos fühlen, wenn sie konkrete Arbeit in einer Krisensituation leisten. Oder sie zumindest mitverfolgen können. Es gab auch immer noch Hoffnung. Bald kam der neue Tag X mit einer neuen spektakulären Aktion von BP. War der Zeitpunkt nahe, hieß es, man brauche nun 12 bis 24 Stunden, um das Ergebnis zu überprüfen. Woraus regelmäßig 24 bis 48 Stunden wurden. Oder länger. Woraufhin jeweils das Scheitern der jeweiligen Aktion verkündet wurde.

Aber dann passierte eigentlich auch nichts weiter. Niemand organisierte einen Volksaufstand. Fast niemand forderte zu diesem Zeitpunkt ernsthaft, BP zu entmachten. Die Ölbilder im Fernsehen sprudelten. Gut, nicht sehr ästhetisch in ihren Brauntönen. Aber Unterwasseraufnahmen haben immer etwas. Sie faszinieren die Menschen. Und wie manch einer beim Blick auf den Kontostand auch nur noch eine große Zahl erkennt und gar nicht mehr wahrnimmt, ob davor ein Plus oder ein Minus steht, so sahen die Zuschauer mit einer seltsamen Faszination Tag für Tag im Fernsehen unten rechts die Live-Videos von der sprudelnden Ölquelle. Und dazu eine Zahl, die jeden Tag um eins stieg. Ähnlich dem Euro, der in jener Zeit Tag für Tag um fast einen Cent fiel. Ein seltsamer, gespenstischer Countdown in die falsche Richtung, von dem niemand wusste, wann er ein Ende haben – und vor allem, was an diesem Ende stehen würde.

Ja – es war gespenstisch. Während Moderator Wolf Blitzer, adrett wie stets, in schwarzem Anzug und mit getrimmtem weißem Bart im heruntergekühlten Fernsehstudio von CNN stand und die Zuschauer in seiner gewohnt vertrauenswürdigen, seriösen Art und gewiss in allerbester Absicht über das zu informieren versuchte, was man wusste, baute sich tausend Meter unter der Meeresoberfläche eine diffuse Gefahr auf. Die so weit weg war. Man konnte sie schließlich nicht sehen. Abgesehen von den Sprudelbildern an der Quelle. Man konnte sich nicht vorstellen, wie groß diese Ölwolke an Tag 35 oder 45 inzwischen geworden war. Man wusste ja nichts über die Menge, die ausströmte. Nichts Verlässliches jedenfalls.

Wie man so vieles nicht wusste. Viele Menschen redeten den ganzen Tag. Aber ihre Botschaft war eigentlich: Wir wissen es nicht. Es ist noch nie da gewesen. Uns fehlen die Messeinheiten. Und die Vergleichsmöglichkeiten. Die Maßstäbe. Von Maßnahmen, dem Schauspiel ein Ende zu bereiten, ganz zu schweigen. Es war eine einzige, diffuse Wolke. Unter Wasser und eine, die schließlich die Menschen erreichte. Eine diffuse unbekannte, ständig wachsende Gefahr im Fernsehstudio von Wolf Blitzer, der niemand Einhalt gebieten konnte.

Jeder, der die Bilder des in jeder einzelnen Sekunde unter großem Druck aus dem Leck herausschießenden Öls sah, musste es fast körperlich spüren. Wieder eine Sekunde verstrichen, in der niemand etwas tut. Niemand etwas tun kann – und dies als eine allgemein akzeptierte Erkenntnis hingenommen wird. Es ist eine nationale Katastrophe im Gang, deren Auswirkungen überhaupt noch nicht abzusehen sind. Und doch nehmen es alle scheinbar hin, dass an diesen Bildern im Augenblick nichts zu ändern ist. Aber alle versichern, sich darum zu bemühen. BP arbeitet an Entlastungsbohrungen, die allerdings erst nach Monaten fertig sein würden. Wenn überhaupt.

Aber es drehte keiner durch. Wie in einer Parallelwelt ging draußen das ganz normale Leben weiter. An Memorial Weekend Ende Mai feierten Abertausende eine Party – oder genossen zumindest die freien Tage bei Sommerwetter. Der Präsident weilte entsprechend zu Hause in Chicago und machte ebenfalls blau. Natürlich nicht, ohne unter Beobachtung des einen oder anderen Korrespondenten die eine oder andere Pressmitteilung herauszugeben. Das war's.

Er stiefelte nicht in Gummi-Klamotten an die bedrohten Strände. Er verzichtete auf das, was man leicht als billigen Populismus hätte abtun – oder als landesväterliche Geste des Mitgefühls und der Tatkraft interpretieren können. Er verzichtete auf alles. Er blieb der Intellektuelle, der Kühle, der Pragmatiker, als den man ihn bereits hatte kennenlernen dürfen. Der Prediger und der Menschenfischer waren vollkommen abgetaucht. Ich konnte es nicht ganz verstehen. Soll er vielleicht vor Ort Pelikane putzen, fragten spöttisch diejenigen, die ihn verteidigten. Ja, vielleicht hätte er genau das tun können. Angesichts einer biblischen Katastrophe, die sich am Horizont abzeichnete. Die kommen würde, sofern nicht noch ein Wunder geschah.

Es schien ein seltsamer Fatalismus am Werke zu sein, der mir unerklärlich war. Man wollte sich offenbar nicht das Schlimmste ausmalen, solange es noch nicht deutlich sichtbar vor der eigenen Haustür angekommen war. Manche sagten, würde dieses Bohrloch vor der Küste von Massachusetts sprudeln – dann wäre der Aufschrei riesig. Aber den Süden, mit seinen von jeher unüberschaubaren Strukturen von Filz und Korruption und der ohnehin traditionell großen Nähe zur Ölindustrie, den gäben viele einfach verloren. Erst wenn der klassische Urlaubs- und Sonnenstaat Florida betroffen sei, mit einer Tourismusindustrie von mehr als sechzig Milliarden Dollar Umsatz im Jahr, dann sei die Seele der Nation wieder angesprochen.

Florida blieb – gottlob – nur am äußersten Nordwest-Zipfel betroffen. Also in der Region, die geographisch in unmittelbarer Nähe zu Alabama liegt. Nah genug an der Unglücksstelle, an der die Deepwater Horizon explodiert war. Tausend Kilometer von Miami entfernt. Es war allerdings genau jener Forscher von der Rosenstiel School, der im Sommer in Fernsehinterviews prophezeit hatte, durch die Strömungen im Golf könnte das Öl um die Südspitze von Florida herum gelangen, und dann wieder nordwärts die Ostküste der Vereinigten Staaten entlang – bis nach Europa. Wo es deswegen noch mal zusätzlich einen Aufschrei gab. Ein Horrorszenario, das glücklicherweise ausblieb.

Hatte er sich geirrt? Hatte er falsch gerechnet? „Wir haben einfach Glück gehabt", sagte er jetzt, im November. „Man kann den Verlauf der Strömungen nicht hundertprozentig vorhersehen. Der Kontakt zwischen den Strömungen riss zwischendurch einfach ab. Sodass das Öl nicht weiter nach Süden und dann im Atlantik wieder nach Norden transportiert werden konnte." Ein Glücksfall für die Natur dort. Und am Ende, nach Monaten, war es BP ja schließlich gelungen, das Bohrloch zu stopfen. Die Schäden für die Unterwasserwelt im Golf von Mexiko jedoch waren in ihrem ganzen Ausmaß noch gar nicht absehbar.

Nach drei langen Interviews über die komplizierte Materie brummte mir allmählich der Schädel. Und solange ich sowieso noch auf die Korallenforscherin an der Rosenstiel School warten musste, setzte ich mich in einen abgedunkelten Raum mit Computern zu den Assistentinnen. Die dort auch gerade ein Päuschen einlegten. Und worüber plauderten sie so? Natürlich über die Quallenplage! Miami Beach, 50. Straße aufwärts. „Wissen Sie", sagte ich beruhigend, „ich wohne dort oben direkt am Strand. Mir ist wirklich nichts aufgefallen. Außer dem Kinderspielzeug, das da herumliegt. Das fand ich allerdings schon sehr merkwürdig." „Kinderspielzeug?" Die Frauen sehen sich konsterniert an. „Meinen Sie das vielleicht?"

Und die angehenden Meeresforscherinnen deuten auf ihre Computer-Bildschirme. Eierförmige Plastikteile in grellen Farben. Durchsichtig, blau, lila und türkis. Ja genau! „Sehr schön", sagt eine von ihnen. „Dann sind Sie heute morgen einer der gefährlichsten Quallenarten überhaupt begegnet! *Men of War*. Oder auch *The Portuguese*. Ich hoffe, Sie hatten Schuhe an. Denn wenn die Tentakeln, diese blauen Fäden, in Ihre Haut eindringen, dann ist das nicht nur äußerst schmerzhaft. Sie bekommen die auch nur noch mit quasi kochendem Wasser wieder heraus ..."

Na super. Glück gehabt. Nein, ich trug Schuhe. Denn ich hatte ja nur mal kurz gucken wollen. Und das Wasser war auch nicht besonders schön an jenem Tag. Aber fortan sprach ich alle Leute an, die sich barfuß diesen wundersamen Gebilden nähern wollten. Und wies auf die Gefahr hin. Insbesondere unbedarft wirkende Japanerinnen. Die UNBEDINGT MAL ANFASSEN WOLLTEN, WEGEN DER SCHÖNEN FARBEN. Oder zumindest einen Zeh hineinstoßen. Ein paar Wochen, solange die Quallenplage andauerte, hatte ich Gelegenheit, mit meinem Wissen zu beeindrucken. Niemand wollte zuerst glauben, dass es sich um ein Werk der Natur handelte. Plastikteile in grellen Farben. Bestechend schön und todgefährlich. Künstlicher aussehend als alles, was der Mensch sich je ausdenken könnte. Wieder eine Lehre über die Welt und wie sie eigentlich funktioniert.

Dezember

NACH THANKSGIVING GEHT ES LOS. Ab dem letzten Donnerstag im November gibt es kein Halten mehr. Weihnachtsdekoration und Weihnachtsgeschäft allüberall. Den Anfang macht schon einen Tag später der *Black Friday*. Also jener Schwarze Freitag, bei dem sich die Soziologen noch darüber unterhalten, ob er seinen Namen nun den schwarzen Zahlen zu verdanken hat, die dann geschrieben werden. Oder den Menschenmengen in den Läden, die von Weitem wie eine große schwarze Masse aussehen müssen.

Alles schön und gut. Alles genauso üblich in den USA. Aber wie ist das, wenn gleichzeitig draußen strahlendes Sommerwetter herrscht? Es war erst Ende November, und ich glaubte bereits, ich muss durchdrehen. Wir standen in St. Augustine, jenem alten Küstenort im Norden Floridas, in dem die ersten Europäer an Land gingen. Mithin also beschrieben als die älteste Stadt in den USA überhaupt. Historisches Pflaster. Und so warteten wir auf den Old Town Trolley, einen jener flachen, offenen Touren-Busse mit mehreren Wagen, mit dem wir uns einen ersten Eindruck verschaffen wollten. Es ist ganz bestimmt die beste Art, möglichst viel in kurzer Zeit zu sehen. Vor allen Dingen bietet sie ein Dach über dem Kopf, das Schatten spendet. Und frischen Fahrtwind, die ganzen neunzig Minuten lang.

Denn die Sonne brannte noch immer unerträglich heiß, erbarmungslos vom tiefblauen Himmel. Wir standen auf dem Vorplatz des Historischen Museums und warteten auf den Bus, als ich über dem Eingangsbereich einen jener riesengroßen tannengrünen Kränze erblickte, wie sie mit roten Schleifen und roten Kugeln üblicherweise überall in den

USA zur Weihnachtszeit aufgehängt werden. Im selben Moment überkam mich eine abgrundtiefe Traurigkeit.

Wie furchtbar. Wie zutiefst entsetzlich und wie tragisch. War es jetzt eigentlich Weihnachten? Oder war es schon wieder Sommer? Oder war es immer noch Sommer? Es war in jedem Fall eine verstörende Mischung. Die Trauer über das Versprechen von Heimeligkeit bei gleichzeitig völliger Abwesenheit derselben überwältigte mich. Die knallende Sonne, die Hitze und der tiefblaue Himmel erwiesen sich in der Kombination mit Weihnachtsdeko einfach als zu viel für mich.

Ich wusste, dass dieser Moment einmal kommen würde. Ich hatte mich vor ihm gefürchtet und die drohende Gefahr seit Wochen ausgeblendet. Würde man den Einbruch der Winterzeit – und den Winter selbst – nicht irgendwann doch vermissen? Und zwar schmerzlich. Die Kälterituale, die für uns untrennbar mit Weihnachten verbunden sind. Den Mangel an Licht, den wir umso lieber mit Kerzenschein und all den kleinen duftenden Annehmlichkeiten auszugleichen trachten. Eine Kultur, die auf der nördlichen Welthabkugel fast flächendeckend zum Weihnachtsfest dazugehört. Kam jetzt in die ganze heitere, wunderbare Florida-Atmosphäre doch noch ein großer Kübel Wehmut geschwappt? Ein nachträgliches Zurechtrücken jener Sommereuphorie, die hier alle immerzu befällt?

Wie immer, man konnte das Ganze auch genau andersherum betrachten. Anscheinend um mich zu trösten, zählte Jack all die Orte auf, an denen er Weihnachten schon verbracht hatte. Und zwar nicht obwohl, sondern gerade WEIL es dort so schön warm war. Auf Hawaii und auf den Malediven. In San Francisco. Sogar auf den Kanarischen Inseln, und selbst Australien und Neuseeland waren dabei, wenn ich mich recht erinnere. Diese Aufzählung machte mir einerseits klar, wo überall ich noch nicht gewesen bin. Und hinterließ andererseits ein großes Gefühl der Einsamkeit. Wie es entsteht, wenn man nicht nur traurig ist, sondern gleichzeitig auch keinerlei Verständnis dafür findet.

Wie immer war es natürlich auch eine Frage der Gewöhnung. Der Bereitschaft, sich mit einer anderen Kultur auseinanderzusetzen. Klar erinnerte ich mich noch sehr gut an meine frühere Nachbarin René in Berlin. Die jeweils kurz vor ihrem Abflug an Weihnachten auftauchte, um den neuesten Bikini vorzuführen. Den sie jeweils ergattert hatte für die bevorstehende Barbecue-Party in ihrer Heimat Südafrika, mit der die Familie dort regelmäßig das Weihnachtsfest begeht. Ich fand es faszinierend, konnte aber nicht sagen, dass ich gerade an jenen Tagen wirklich gern und aus vollem Herzen mit ihr getauscht hätte.

Nun also Florida. Der Schmerz an jenem Sommernachmittag in St. Augustine war heftig. Aber das war es dann auch. Das war es im Grunde überhaupt mit den Schmerzen. Der nächste Schritt zur Gewöhnung folgte alsbald. Die erste Weihnachtsparty, zu der ich im Dezember eingeladen war. Genau genommen: eine *potluck party*. Also eine nach dem Jeder-bringt-was-mit-Prinzip. Was zu einem überbordenden Buffet der Speisen führte. Es war keineswegs eine Studentenveranstaltung, sondern ein Fest gut situierter, beruflich erfolgreicher Leute. Das Ganze in einer typisch floridianischen Villa im Süden von Miami. Großzügig, geräumig und vor allem mit den Insignien eines Hauses, das in erster Linie Schutz vor Sonne und Hitze bieten soll. Große Vordächer, Ventilatoren über der Terrasse und natürlich einen Pool. Dazu innendrin sehr entschieden: Weihnachtsdekoration. Nicht überladen, aber sehr amerikanisch. Was nicht dasselbe ist.

Weihnachtsdeko, ein tolles Buffet, für das sich jede und jeder auf die jeweils eigene Art besondere Mühe gegeben hatte. Und draußen: angenehme Abendtemperaturen von siebzehn bis achtzehn Grad. Dazu standen wir ganz entspannt – die Männer im Hemd, die Frauen in Kleidern mit nicht mehr ganz so großen Dekolletés – und ganz lässig mit unseren Drinks in der Hand am Pool. Und plauderten. Nicht über das Wetter. Ganz sicher nicht. Für alle war es das Normalste von der Welt. Weihnachten im Sommer. Ich verstand, dass man nicht unbedingt dagegen aufbegehren musste.

Und ich gewöhnte mich den ganzen Dezember über immer lieber daran. Wie schön es war, mit heruntergelassen Fensterscheiben im Chevy Cobalt durch Miami Beach zu fahren. Und bei angenehmen 25 Grad die Palmen und den blauen Himmel zu betrachten. Den Fahrtwind zu genießen, der es um diese Zeit so herrlich angenehmen werden ließ. Während man es im Sommer wirklich nur mit geschlossenem Fenster und aufgedrehter Klimaanlage im Auto aushielt. Es war ein Sommer, den man draußen genießen konnte. Oder zumindest im Kontakt mit der Natur, die einen umgab. Und mit dem Service eines Senders, der *twentyfour-seven*, also vierundzwanzig Stunden am Tag, sieben Tage die Woche im Autoradio Weihnachtsmusik spielte. Natürlich nicht „Schneeflöckchen, Weißröckchen". Sondern all jene Lieder, die ich seit meiner Kindheit liebte. Als meine Eltern grundsätzlich schon immer am Abend des 23. Dezember, wenn wir den Weihnachtsbaum schmückten, den Berliner Sender AFN einstellten. Oder zumindest RIAS Berlin. „Happy Holidays" und vor allem „It's the most wonderful time of the year". Es war zweifelsohne die schönste Zeit des Jahres. Vor allem hier in Florida. So gesehen passte die Musik gerade besonders gut.

Natürlich gab es auch jede Menge Kitsch. Eine übergroße aufblasbare Schneemann-Familie zum Beispiel, die im Eingangsbereich meines Apartmentgebäudes thronte und uns jedes Mal zu Lachsalven veranlasste, wenn wir vorbeikamen. Hatte hier schon irgendjemand mal auch nur eine einzige

Flocke Schnee gesehen? Selbstverständlich liebten es die Kinder, sich damit fotografieren zu lassen. In einem Foyer, das schon zu normalen Zeiten dermaßen den Charme der Fünfziger und Sechziger verbreitete und nun erst recht, mit dieser Musik dauernd, die die großen Zeiten eines Frank Sinatra wieder aufleben ließ. Der nur ein paar Häuser weiter gewohnt hatte.

An der Collins Avenue im Fontainebleau hatte er über viele Jahre seine Adresse. Gehörte das Hotel wirklich der Mafia? Hundertprozentig nachweisen ließ sich das nie. Jedenfalls hatte Sinatra seine Kontakte. Die auch John F. Kennedy im Wahlkampf 1960 nutzen wollte. Er versuchte angeblich, Sinatra zu überreden, in unsicheren Wahlbezirken die Mafia „Wahlkampf" für ihn machen zu lassen. Sinatra selbst interessierte sich, so wird berichtet, für die Nähe zur Macht. Das Ergebnis hat möglicherweise allen recht gegeben. 1961 wurde Kennedy zum Präsidenten gewählt. Eines Tages, wenn einmal alle Archive geöffnet und alle Dokumente freigegeben sein werden, dann wissen wir mehr.

Eines allerdings hat Sinatra offenbar wirklich vollbracht. Während die Rassentrennung in Miami Beach noch ein hohes Gut der Weißen war, schwarze Künstler wie sein Freund Sammy Davis Jr. zwar in den Hotels von Miami Beach singen, aber nicht wohnen durften, da sprach Sinatra der Überlieferung nach ein Machtwort. „Entweder Sammy darf hier schlafen – oder ich schmeiße hin!" Sinatra spielte einfach zu viel Geld ein, um das zu ignorieren. Sammy Davis Jr. durfte fortan im Hotel bleiben – allerdings noch immer mit eingeschränkten Rechten. Und es dauerte noch eine Weile, bis andere nachzogen. Man fürchtete, die Gäste würden diesen revolutionären Schritt nicht goutieren.*

* * *

* Schreibt Gerald Posner in „Miami Babylon".

Weihnachten in Florida kam übrigens noch einmal wieder, ein paar Monate später. Es war an jenem Abend im Juni, an dem die Dallas Mavericks mit dem von Deutschen so geliebten Dirk Novitzky das Endspiel der NBA, also der nationalen Basketball-Liga, gegen die Miami Heat bestreiten – und schließlich gewinnen sollten. Die Stadt befand sich in vorläufiger Abschiedsstimmung. Abschied vom Ruhm der *big three*. Der drei großen Helden der MIAMI HEAT. LeBron James, Chris Bosh und Dwyane Wade, die es voraussichtlich, so bereits die allgemeine Befürchtung in der Stadt, die es voraussichtlich doch nicht mehr packen würden. Das mit dem Titel. Aber der Stimmung tat es keinen Abbruch. Jedenfalls nicht vor dem Spiel. Miami wäre nicht Miami, wenn sich so was auf die Laune schlagen würde. Und bei einem Sieg der MIAMI HEAT war sowieso ein Hexenkessel absehbar.

Am Nachmittag befand sich die Stimmung in der Nähe der American Airlines Arena, wo das Spiel stattfinden sollte, also wenigstens kurz vor dem Siedepunkt. Draußen die im Hochsommer üblichen 33 Grad. Die Leute strömten, ihre HEAT-T-Shirts auf dem Körper, durch den Bayside Market Place, eine sehr floridianische, offene Einkaufsmeile direkt am Ufer von Biscayne Bay. Genau genommen wirkt sie vielleicht nur floridianisch. Denn dieses Festival Marketplace concept ist auch in anderen amerikanischen Großstädten wie Boston oder New York anzutreffen. Es wurde in den Achtzigerjahren entwickelt, um heruntergekommenen Innenstädten zu mehr Attraktivität zu verhelfen. Die Mischung aus Einkaufen, Essen sowie Open-Air-Live-Musik am Wasser soll Touristen und Einheimische anlocken. Jetzt, genau 25 Jahre nach Eröffnung, ist das Management vom Bayside Market Place zufrieden. Die Verkaufszahlen steigen seit den letzten anderthalb Jahren. Aber wirklich hinüber gewirkt bis nach Downtown hat es nicht. Die Gegend dort entwickelt sich, aber noch nicht so, wie gehofft. Besonders die Konzerte und die Spiele in der benachbarten American Airlines Arena ziehen Publikum hier her.

Und während sich hier alle rund ums Jahr beklagten, „ach, es ist ja nicht die Hitze, es ist die Feuchtigkeit!“, warben die MIAMI HEAT außen an der American Airlines Arena in diesen Wochen eben gerade mit dem Slogan: „It's not the humidity. It's the HEAT!“ Cool. Aber dann drang es an mein Ohr. Aus einem der Läden erschallte es ganz deutlich, hinaus in die backofenähnliche Umgebung: „White Christmas“. Ich wollte meinen Ohren nicht trauen und ging noch mal zurück.

Zum Glück war ich an das Phänomen Hitze plus Weihnachten inzwischen schon gewöhnt. Ansonsten hätte ich genau an jenem Abend meinen Kulturschock erlitten. Denn da breitete sich vor meinen Ohren und Augen, mitten im heißesten Juni, tatsächlich DAS Weihnachtsgeschäft schlechthin aus. Im buchstäblichen Sinne. An den übervollen Wänden des Ladens, in den Vitrinen, in der Mitte des Raumes, überall fand sich – Weihnachtsdeko. Und zwar nicht direkt, wie wir sie aus Deutschland kennen. Sondern vor allem in Form von Baumschmuck.

Was bedeutete, dass dort alles, jeder nur denkbare Gegenstand in der Welt, von Absatzschuhen über Kaffeetassen bis hin zu Muscheln in winziger Form, in bunten Farben und mit Glanz und Glitter versehen, vorhanden war, um ihn an einen Weihnachtsbaum zu hängen. Ein Kinderparadies für Erwachsene. Dazu Weihnachtsmusik Mitte Juni. Ich war sprachlos. Als ich meinen Text wiedergefunden hatte, fragte ich den Verkäufer. Sie hätten gerade erst im April eröffnet, meinte er. Und seien noch nicht sicher, wie lange sie mit ihrem Weihnachtszirkus hier, im Reich der Sonne, überleben würden. Das erklärte allerdings auch, weshalb ich den Laden auf der Suche nach Mitbringseln vor den Feiertagen nicht entdeckt hatte. Sonst hätte ich meinen bescheidenen Beitrag zum Geschäftserfolg damals ganz gewiss entrichtet.

***

Einen Tag vor meinem Abflug zum Weihnachtsbesuch nach Deutschland, am 22. Dezember, verbrachte ich noch mal einen richtig tollen Tag am Strand. Das Meer, das durchaus nicht immer gleichmäßig schön ist, war – traumhaft. Wir hatten Ebbe und ablandigen Wind. Also von West. Am Strand kräuselten sich jeweils immer ein paar ganz kleine Wellen. Die aussahen wie aus Cellophan-Papier. Klar und durchsichtig. Als würde man bei einer altmodischen Trickfilmproduktion zuschauen, bei der die Meereswellen genau aus solchem Material nachgebildet werden. Ein ganz leichtes Kräuseln. Aber diesmal in natura.

Und es war das erste Mal, soweit ich mich erinnerte, dass ich wirklich bis zum Abend in der Sonne lag. Ohne alsbald nach einem Schirm oder sonst schnellstmöglich nach Schatten zu suchen. Das war der große Unterschied zum Sommer. Man konnte ein STRANDLEBEN haben. Eines, das diesen Namen verdient. Ein leichter Wind kühlte die Haut. Aber wiederum eben nicht zu stark, sodass einem der Zucker-Sand nicht überall hin geblasen wurde. Kurzum, perfekt.

Wenn man die Szene hier selbst betrachtete, gab es nur einen Faktor, der das Bild beeinträchtigte. Und der den Abschiedsschmerz nicht allzu groß werden ließ. Dass es nämlich offenbar ALLEN ANDEREN MENSCHEN in den Vereinigten Staaten von Amerika genauso ging. Sprich: Mit dem herannahenden Weihnachtsfest wurde es voll am Strand. Und teuer in Miami Beach.

Und bevor eventuell doch noch ein leichtes Heimweh nach dem Winter aufkommen konnte, bestieg ich das Flugzeug. Am Morgen des 24. Dezember schwebten wir in Berlin-Tegel ein. Das Erste, was ins Auge stach, war die völlige Abwesenheit von Farben. Ich hatte vergessen, wie eine Welt aussieht, die nur aus verschiedenen Schattierungen von Grau besteht. Hellgrau der Himmel. Mittelgrau die Straßen, die unter einer schmuddeligen Schneedecke lagen. Und dunkelgrau die Bäume. Genau – was war mit DENEN eigentlich los? Sie sahen aus wie nach einem Atomunfall. „Ist euch eigentlich schon mal aufgefallen", fragte ich beim Eintreffen meine Lieben, „ist es euch schon einmal aufgefallen, dass die Bäume VÖLLIG KAHL sind?" Sie wussten, sie hatten es in diesem Jahr nicht mit einem normalen Weihnachtsbesuch zu tun.

Januar

Am Tag, an dem aus 49 von 50 Bundesstaaten Schnee gemeldet wird, bildet Florida natürlich die Ausnahme. Im Morgengrauen gibt sich aus dem Nebel nach und nach die Skyline von Miami zu erkennen. Die beleuchteten Causeways über Biscayne Bay zwischen den Beaches und der Stadt. Ein wenig Kaltfront bekommen jedoch auch wir ab. Mit siebzehn oder achtzehn Grad Höchsttemperatur ist das heute Morgen nicht direkt Sommer zu nennen. Aber immerhin.

Nach drei Wochen Berlin strahlt die Gegend eine sonderbare Ruhe aus. Diese Ewigkeit der Meere und des Klimas. Das unerschütterliche, ununterbrochene Wachstum der Pflanzen. Grün, wie immer. Die Palmen stehen alle an ihrem Platz. Nach drei Wochen Eis und Schnee erscheint es wie ein Wunder. Es ist die wunderbare Seite der fehlenden Jahreszeiten, die mancher beklagt. Ewige Sonne, ewiges Grün, ewige Farben.

Bisher schien alles noch halbwegs normal. Warme Temperaturen bis in den Dezember hinein sind auch andernorts in den USA durchaus drin. Aber jetzt? Die nächsten Wochen werden schön kalt an der Ostküste. Während hier alles so weitergeht wie immer. Die feuchte Luft und die Wärme assoziieren die Fruchtbarkeit der Natur. Ihre Unerschöpflichkeit und ihren Reichtum. Manchmal frage ich mich, wie es sich eigentlich auf das Gemüt von Menschen auswirkt, denen so gut wie niemals Kälte begegnet. Muss ich das wirklich noch fragen?

Fazit: Eis und Schnee braucht NIEMAND. Es gibt keinen Grund, das zu vermissen. Wenn man stattdessen mit Wärme und Sonne gesegnet ist. Kein Mensch vermisst minus zehn Grad als Höchsttemperatur. Meterdicke Eiskrusten auf Fahrbahnen, die kaum noch zu benutzen sind. Jeden Morgen Schneeschippen. Zwei Straßenzüge entlang an einem Eckgrundstück. Wirklich niemand. Man braucht auch kein Winterchaos an den Flughäfen der Ostküste. Keinen Stromausfall in Washington. Und die Unfähigkeit der Stadtverwaltung dort, den Schnee angemessen wegzuräumen. Jedes Jahr dort das gleiche Chaos. Wenn es denn mal richtig hart kommt.

Der Neid stellt sich erst ein, wenn man in den ersten Wochen des Frühjahrs das zarte Grünen an den Bäumen dort sieht. Zum Beispiel hinter den Korrespondenten, die immer am Weißen Haus stehen für ihre Live-Schaltungen in die landesweiten Nachrichtenkanäle des Fernsehens. Zarte Blätter, die vom Ende der Winter-Qual künden. Und von der Hoffnung auf das Frühjahr. Die Frühlingsbäume im Fernsehen – das ist ein bisschen wie der Blick von einem anderen Stern. Als wären wir hier ausgesperrt vom normalen Leben. Das sich sonst so auf der Welt vollzieht. Von dem, was Menschen um diese Jahreszeit auf der Nordhalbkugel normalerweise bewegt. Die Vorsicht, das Keimen und die Hoffnung. Die Belohnung nach den entbehrungsreichen Wochen der Kälte. Ja, es braucht für die Stärke mancher Empfindungen den Kontrast. Den gibt es bei uns nicht. Es gibt hier keinen Frühling. Es gibt hier zu dieser Zeit schon wieder eine dicke, warme Waschküche von über dreißig Grad. Und grüne Bäume das ganze Jahr.

Allerdings – schon etwas weiter nördlich haben die Menschen in diesem Januar auch in diesem Bundesstaat Grund zum Klagen. Kein Schnee, aber bei dem vorhergesagten Frost in Zentralflorida bangen die Landwirte um ihre Ernte. Und um die ihrer Orangenbäume insbesondere. Die kennen so was nämlich nicht. Auch in Florida werden in diesem Jahr

Kälterekorde aufgestellt. Zwei Winter nacheinander ist es so lausig wie lange nicht mehr. Und natürlich wird auch hier unten im Süden darüber gejammert.

Eine Zeit lang habe ich in die Witzeleien eingestimmt. Zum Beispiel in die von Angie, die auf der Lincoln Road in einem Laden CDs verkauft. „Sie tun hier bei siebzehn Grad wirklich alle so, als würden ihnen die Füße abfallen!“, spottete sie, während ich nach passender Musik für eine Sendung suchte. Es ist wirklich grotesk. Normalerweise tragen die Mädchen auf der Lincoln Road wenig bis nichts. Im Winter tragen sie genauso wenig und dazu Fellstiefel. Das ist nur wenig übertrieben.

Wer aber das ganze Jahr nicht lernt, sich vernünftig gegen Kälte zu schützen, kommt an den paar kühlen Tagen hier mit dem Üben nicht hinterher. Man will auch einfach nicht so viel auf der Haut haben. Weshalb denn, geht ja sonst auch ohne. Lieber Gott, stell BITTE die Heizung wieder an!

Andererseits bilden die kühleren Wochen des Jahres auch Gelegenheit, mal den Kleidungsstil zu wechseln. „We can dress up a little bit!“ *Dress up* meint in diesem Zusammenhang: Man kann Dinge aus dem Schrank nehmen, die sonst allerhöchstens mal für einen Ausflug nach New York oder Washington gebraucht werden. Hohe schwarze Stiefel, zum Beispiel, ein kurzer wollener, enger Winterrock usw. Davon abgesehen ist der *Miami style* ohnehin schon relativ „dressed up“. Auffallend, schulterfrei, *high heels* sind eher Standardprogramm. Gutaussehende dunkelhäutige Lateinamerikanerinnen in gewagten Schnitten, knalligen Farben und mit auffallendem Schmuck prägen das Straßenbild. Vieles, was anderswo ein bisschen *over the top* wäre, ist hier völlig normal. Gleichzeitig ist es auch etwas legerer. Während in den USA normalerweise großer Wert auf den *business dress code* gelegt wird, meist gedeckte Farben, Jeans und nackte Beine meist tabu, regiert hier eher die Lässigkeit. Regieren die Wärme, die gute Laune, die Sonne und das Klima. Das Strumpfhosengebot für Frauen fällt komplett weg. Selbst an den höchsten Gerichten, erzählt Anwältin Jodie. Und die Treffen der *Women's Chamber of Commerce* zum Beispiel gleichen nicht selten einem farbenfrohen, lauten und lustigen Treffen gestylter Paradiesvögel. Ohne großen zusätzlichen Aufwand könnte man sofort eine Kamera aufstellen und eine *docu soap* drehen, die auch dem Auge etwas bringt. Bei den Männern gilt, ähnlich wie anderswo in den USA: Wenn es kein Anzug sein muss, dann reicht der Griff in den Schrank zur Highschool-Uniform. Was die Farben angeht. Hellblaues Hemd, sandfarbene Hose. Geht immer. Und kein Mann muss lange Grübeleien über Farbkombinationen anstellen. Aus europäischer Perspektive wirkt die Zusammenstellung im ersten Moment eigenartig. Wir sind eher an Grautöne gewöhnt. Hellgrau. Mittelgrau. Dunkelgrau. Dazu etwas Hellblau. Was damit zu tun haben mag, dass es genauso diese Farben, diese Töne bei uns gibt. Wir kennen Blau und Grau. Und das prägt offenbar auch unseren klassischen Modestil. Jedenfalls was die Herrenmodewelt angeht. Aber es gibt eben noch andere Welten. Die Wüste und den tiefen Himmel. Sandfarben und blau. Die britischen Kolonialmächte haben diese Zusammenstellung aus den tropischen Ländern mit nach Hause und in die USA gebracht. Man sieht sie in Deutschland eher wenig. Während man in Amerika auf Blau-Sandfarben-Kombinationen in ganzen Scharen trifft. Und man kann sich sehr schnell und sehr schön an diesen Anblick gewöhnen. Wenn man den Hintergrund erst mal kennt, und die Farben dazu. Abseits der europäischen Mode-Farbenlehre.

Apropos Wüste. Das eigentliche Problem mit dem Winter besteht natürlich nicht in siebzehn oder achtzehn Grad Höchsttemperatur an solchen Tagen. Sondern im Fehlen einer Heizmöglichkeit in diversen Apartments. Und das ist in der Tat schrecklich. Wenn es nachts nur fünf Grad sind, und das über Wochen. Und wenn auch am Tage die Sonne nicht für Wärme in den Wohnungen sorgt. Dann heißt es Klappern. Oder mit Rollkragenpullover ins Bett steigen. Brrr. Manche haben in diesem Jahr bei ihrem Florida-Urlaub mehr gefroren als in Colorado beim Skifahren. Dort ist man schließlich mit der Kälte und dem Schutz vor ihr vertraut.

Aber nach ein paar Nächten mit ein paar Grad über Null und ohne Heizung tut das Wetter wieder so, als wäre nichts. Glasklares, türkisgrünes Wasser. Eine Sonne, dass man sich am Strand sofort ausziehen möchte. Auf zwanzig Grad haben wir es immerhin noch geschafft. Sodass es in der Sonne zum lange Laufen wieder fast nicht mehr angenehm ist. „Heute Nacht hast du ja noch gefroren!", hilft an dieser Stelle auch nicht weiter. Man lernt hier insbesondere schnell, dass das Leiden an einem Wetter durch das Leiden an einem anderen nicht gemildert wird.

Das Wetter schafft es jedenfalls wieder einmal, die Frage „Wie geht es denn nun weiter ...?" mit einem entschiedenen „Jedenfalls kann man an den Strand!" zu parieren. Das ist immer eine gute Möglichkeit. Und man hat wirklich jeden Grund, sie ausgiebig zu nutzen. Die Frage, ob man am Strand war, gehört in Miami Beach einfach dazu. „Ich musste so viel arbeiten!" ist einfach keine gute Ausrede. Jeder weiß, dass hier zu leben und selbständig zu arbeiten ein gewisses Maß an Disziplin voraussetzt. Wer die nicht aufbringt, sollte sich besser in anderen Gegenden niederlassen. Wo nicht ständig der Ozean ruft.

Oder um es mit Jack zu sagen: Wenn du in Miami Beach immer noch intelligent aussiehst und klar artikulieren kannst: Dann hast du etwas falsch gemacht! Aussage beim *rum testing* im Deauville Hotel. Wo einst die Beatles spielten. 1964 bei der Ed Sullivan Show. „Sagen wir es so, wenn man etwas älter ist, finde ich, sollte man sechs Monate lang sein Gehirn gebrauchen. Und in den anderen sechs Monaten solltest du das Leben genießen. Rate mal, wozu das hier gehört …?!" O.k., soweit die Scherze der Einwohner.

Mit der Trinkkultur in den USA ist es bekanntlich etwas Besonderes. Einerseits die historische Tradition der Prohibition. Also des Alkoholverbotes bis in die Dreißigerjahre des 20. Jahrhunderts hinein. Das immer noch vielerorts bestehende Alkoholverbot in der Öffentlichkeit. Man kann nicht einfach so mit der Bierdose in der Hand herumlaufen. Oder der Bierflasche. Angesichts der allmorgendlichen Slalomfahrten um zerschmissene Flaschen in Köln, angesichts von Glasscherben selbst an den Strandbänken des Rheins verstand ich die Kultur nach meiner Rückkehr in Deutschland etwas besser. Inzwischen muss man in Amerika auch nicht mehr unbedingt in den *liquor store*, um eine Flasche Wein zu kaufen. Supermärkte haben riesige Weinabteilungen, sicher nicht alle und nicht in jedem Bundesstaat gleichermaßen. Aber der Alkohol ist nicht mehr auf dieses spezielle Art und Weise ausgelagert. Dennoch bekommt man ihn in der Regel in eine braune Packpapiertüte gepackt. Andererseits ist die Bar- und Cocktailkultur sehr ausgeprägt. Erst recht hier unten in der Nähe zur Karibik. Bei einem *rum testing* zahlt man in der Regel fünfzig Dollar Eintritt – es sei denn, man hat die Tickets über Groupon oder Social Living, eine Konkurrenzveranstaltung, ergattert. Und kann also die köstlichsten Rumsorten – pur oder als Mixgetränk – nach Herzenslust probieren. Wer nach zwei Stunden noch stehen kann, sollte sich dann unbedingt mit Essen und Wasser versorgen. Den Blick auf das azurblaue Meer gibt es noch dazu. Und diese Art der Trinkkultur bietet gleich wieder eine Möglichkeit, Lateinamerika in Miami zu studieren. Die unterschiedlichen Kulturen. Die unterschiedlichen Sorten. Jedes Land bietet einen spezifischen Rahmen, ein besonderes Angebot. Außerdem ist es noch mal wie Grundkurs Geographie, fünfte Klasse. Wie viele verschiedene Länder es dort unten gibt, Venezuela, Guatemala, Ecuador. Argentinien, Brasilien, natürlich die Riesen unter den Lateinamerikanern. Und so geht es weiter und weiter, und am Ende ist man froh, dass man in den amerikanischen Südstaaten auch „li'l" sagen kann. Statt *little*. Wenn es mit der Aussprache nicht mehr so gut klappt.

Außerdem heißt hier zu leben und nicht gleichzeitig das Meer zu genießen, dass man offenbar nicht in der Lage ist, dieses wirkliche Geschenk Gottes zu würdigen. Wie verhält es sich denn dann – bei anderen Geschenken? Vielleicht erkennt man sie gar nicht erst als solche? Mit einem Wort, ein unentspanntes Verhältnis zum Strand-Dasein schafft Misstrauen. Also debattieren Sie nicht lange darüber. Nehmen Sie es im Guten wie im Schwierigen. Am nächsten Januarmorgen kommt vielleicht schon wieder klare kalte Luft wie aus den Rocky Mountains. Dort würde sie allerdings besser hinpassen.

Was das praktische Alltagsleben in den USA im Großen und Ganzen angeht, gilt in etwa folgende Dreier-Faustregel: Viele Dinge sind ganz einfach. Manche Dinge sind total kompliziert. Und manche Dinge wirken im ersten Moment total kompliziert, entpuppen sich aber kurz darauf als ganz einfach.

Viele Dinge sind einfach – das verwundert nicht, denn die amerikanische Alltagsphilosophie ist grundsätzlich darauf angelegt, das Zusammenleben so einfach und so praktisch wie möglich zu gestalten. Im Großen und Ganzen sind es ungefähr genau die Phänomene, die bei uns als „so typisch amerikanisch" kritisiert werden. Es fängt bei den Schnellrestaurants an, geht bei *drive-thru*-Banken weiter und endet mit *coffe to go*, wo immer der Mensch sich aufhält, noch lange nicht. Immer ist der Fokus auf die Lösung eines Problems gerichtet. Nicht darauf, es zu beklagen. Oder Menschen zu verurteilen, die eines haben. Oder aber darauf, wenn es nicht zu lösen ist, es achselzuckend hinzunehmen. Das führt zu den Dingen, die kompliziert erscheinen. Angefangen bei den Sicherheitsvorkehrungen während der Einreise. Über teils marode Infrastruktur. Bis hin zur Bürokratie, die das Zusammenleben von 320 Millionen Bürgern, dazu Millionen von illegalen Einwanderern, regeln helfen soll. Das Festhängen in Telefon-Hotlines, wenn kein Weiterkommen möglich ist. Sie müssen versuchen, sich damit ebenfalls zu arrangieren. Alles andere kostet schlicht zu viel Energie. Versuchen Sie es einfach. Auch wenn Ihre deutsche Seele schon mal losschreit, dass das so alles überhaupt nicht geht! Zur Belohnung führt das genau zu den Dingen, die erst unlösbar scheinen und sich kompliziert anfühlen, sich schließlich aber komplett in Wohlgefallen auflösen.

Als ich mir für zwei Monate ein Apartment im 42. Stock im Grand mit einem jungen Pärchen teilte, setzte plötzlich das Internet aus. Von heute auf morgen. Zwei Wochen lang war alles gut gegangen. Geschlagene zwei Wochen arbeitete mein Computer hervorragend mit dem Netz, bis dann von einem Tag auf den anderen alles zusammenbrach. Von einem Tag auf den anderen war Schluss. Während meine beiden Mitbewohner weiterhin Internetzugang besaßen. „Das ist ja vollkommen klar“, sagte der freundliche Mann von AT&T am Telefon. „Der Anschluss in Ihrer Wohnung ist ja auch noch gar nicht bei uns angemeldet.“ Wie kann es denn dann aber sein, so erkundigten wir uns vorsichtig, dass zwei Personen in der Wohnung dennoch Internet haben, die dritte Bewohnerin hingegen nicht? Und auch das ganz plötzlich und aus heiterem Himmel? Diese Fragestellung befand sich augenscheinlich außerhalb des Verantwortungsbereiches des AT&T-Mitarbeiters. Er war nicht für Logik zuständig. Sondern für seine Unterlagen. Die Frage blieb unbeantwortet. Auch nach der offiziellen Anmeldung unseres Anschlusses – passierte in meinem Computer nichts. Ich unternahm also noch zwei weitere verzweifelte Anläufe bei den Telefonmitarbeitern von AT&T. Und gelangte am späten Abend an eine Fachkraft, die sich für das Problem zuständig fühlte. Und sich in der Lage sah, es zu lösen. Es folgten anderthalb Stunden, in denen mein Kopf mit Zahlen- und Buchstabenkolonnen geimpft wurde. Ein Kopf, in den nach drei Betäubungsspritzen beim Zahnarzt wenige Stunden zuvor eigentlich gar nichts mehr hineinpasste. Ich tippte tapfer und mit zusammengepressten Lippen ohne Unterlass alles ein, wie mir geheißen. Mir platzte fast der Schädel. Und trotz meiner Anfälle von Ungeduld blieb die Stimme am anderen Ende der Leitung die Ruhe in Person. Gegen 23.30 Uhr war ich schließlich DRIN! Tapferkeit und Hartnäckigkeit hatten sich in diesem Falle mal wieder bezahlt gemacht und zur Lösung eines Problems beigetragen. „Und waren Sie zufrieden mit mir?“, fragte der Spezialist am anderen Ende der Leitung mit unüberhörbarem Stolz in der Stimme. In der Tat hatte ich noch nie mit einem SO stolzen Mitarbeiter einer Telefon-Hotline gesprochen. Er hatte recht. Er hatte recht, darauf stolz zu sein, er hatte mir geholfen, wir hatten das Problem gelöst. Sieg für ihn, in einem sehr amerikanischen Sinne.

Ein weiteres Problem, das zunächst unlösbar kompliziert erscheinen kann: das Park-Prinzip *pay per phone*, welches man in Großstädten wie Miami findet. Sie stehen im Morgengrauen vor einer Parkuhr, kein Mensch weit und breit, keine andere Parkmöglichkeit, aber die Anreise der Politessen mit den Strafzetteln steht ganz sicherlich kurz bevor. Man sieht sie förmlich schon vor sich. Aber auch hier gilt: Lassen Sie sich darauf ein. Eine amerikanische Telefonnummer, sprich z. B. ein Handy mit Prepaid-Karte, ist in diesem Moment natürlich hilfreich. Lassen Sie sich registrieren, geben Sie Ihre Kreditkartennummer an – von der wird in Zukunft abgebucht –, fertig. Sie müssen nur noch die entsprechende Nummer wählen und die Parkplatz-Nummer eintippen. Ab sofort ist Parken via *pay per phone* ein Kinderspiel. Und wieder ein Problem gelöst.

Oder Sie erwachen an Ihrem ersten Morgen nach Ankunft in ihrem kleinen Hotel oder Apartment am Strand. Um 5.30 Uhr. Da der Jetlag gerade voll zuschlägt. Eine Kaffeemaschine ist im Zimmer. Aber kein Kaffee. Keine Minibar (dafür war das Hotel zu billig). Kein Wasser. Kein Frühstück. Nichts. Dann kommt die rettende Idee. Unten im Foyer steht ein Kaffee-Automat. 1,25 Dollar in Münzen, sagte der freundliche Mann am *front desk* gestern Abend noch. Fünf Quarter also. Doch was passiert? Mit lautem Scheppern fallen alle fünf Münzen durch den Automaten wieder hindurch und können unten aufgesammelt werden. Es hilft nichts. Maschine kaputt. Zum nächsten Hotel? Draußen regnet es. Ein orkanartiger *thunderstorm* hat Miami Beach erfasst. Kein Gedanke, nach draußen zu gehen. Um kurz vor sechs am Morgen. Doch dann gilt: Gefällt Ihnen das Wetter nicht – warten Sie eine halbe Stunde. In der Regel – und jedenfalls außerhalb der Hurrikan-Hauptsaison – hat es sich bald wieder beruhigt. Und im selben Moment fällt Ihnen auch noch der Walgreens zwei Blocks entfernt ein. 24/7 geöffnet. Sie hätten zur Not also auch schon nachts um drei hinspazieren können. Der hat auch einen Kaffee-Automaten. Einen viel besseren noch dazu. Nachdem sich also alles in Wohlgefallen aufgelöst zu haben scheint, Sie in der frühen Morgendämmerung einen kleinen Spaziergang zum *drugstore* Ihrer Wahl unternommen haben, selig durch die Automatiktür ins Helle schreiten – kommt der nächste Misserfolg. Der natürlich nur so schlimm erscheint wegen des Jetlags und des umso spürbarer werdenden Koffeinmangels. Aber die sind nun mal nicht wegzudiskutieren. Der Automat ist auch kaputt. *Out of order. No coffee!* Um zehn nach sechs heißt es also, puhh, nach einer Alternative suchen. Wie wäre es denn zum Beispiel einmal damit? Gesundes Frühstück. Als wir da hätten, eben mal so aus dem Regal gefischt: Florida-Orangensaft, am besten die Zwei-Liter-Packung. Bananen. Fertiger Obstsalat. Ein eingeschweißtes Quarkteilchen. Und als kleine Sünde obendrauf: *Starbucks doubleshot espresso with cream.* In Dosen! Als stünde der nächste Krieg bevor. Aber immerhin, so kann sich ein Morgen, der unerfreulich begonnen hat, über lauter Hochs und Tiefs, *ups and downs*, am Ende doch noch zufriedenstellend entwickeln. Dafür, dass es noch nicht mal sieben ist. Wenn Sie ein wenig flexibel bleiben.

Die Erlebnisgastronomie unter den Supermärkten in Florida heißt Publix. Das heißt – genau genommen gibt es gar keine Alternative. Wer gute, alte Bekannte in der Supermarktlandschaft der USA zu treffen hofft, wie Giant oder Safeway oder gar Trader Joe's, lernt schnell, aufzugeben. Publix hat sich wie ein riesengroßer Riesenkrake in Florida ausgebreitet. Sobald irgendwo ein Sahnestückchen, also ein Filet-Grundstück, frei wird, können Sie darauf wetten, dass sofort ein Publix aufmacht. 758 Filialen sind es inzwischen. Allein in Florida. Aber diese Zahl ist wahrscheinlich auch schon wieder unaktuell, denn ständig kommen neue hinzu. Natürlich gibt es in anderen Preissegmenten noch die eine oder andere Alternative. Whole Foods ist verbreitet und beliebt, aber viel teurer. Fresh Market das ähnliche Segment. Da können sie genauso zu Balducci's im Umfeld von Washington gehen. Zu ihrer Verteidigung muss man anführen, dass sie eigentlich einen ziemlich guten Job machen. Die Märkte sind meist sauber. Es ist sozusagen „Zug drin". Es gibt wöchentlich gut beworbene Sonderangebote und jede Menge Produkte unter dem Publix-Label. Das spart Geld, und man kann sich leicht orientieren. Und man hat schnell das

Gefühl, zur großen Publix-Familie dazuzugehören. Welch ein Verkaufstrick! Dazu noch einer mit quasi-sozialistischen Zügen. Weil ohne wirkliche Alternative. Ohne einen echten Wettbewerber. Aber gut, man muss sich auch nicht allzu sehr beklagen. Sie schaffen es sogar, durch ihre Markenbindung so etwas wie Publix-Entzugserscheinungen zu erzeugen. Das merkt man natürlich erst, wenn man Florida mitsamt den bunt bedruckten Publix-Einkaufstaschen wieder verlassen hat.

Man kann Alltagsleben in Florida flächendeckend studieren – indem man sich in diesem Flächenstaat auf Reisen begibt. Man sollte dann auch wissen, was man sich vornimmt. Auch wenn sich der Bundesstaat beim Blick auf die Weltkarte wie ein kleines unbedeutendes Zipfelchen ausnimmt – Vorsicht mit den Proportionen. Das Unterschätzen von Entfernungen in den Vereinigten Staaten ist bei Besuchern verbreitet. Und das gilt auch für das „kleine" Florida. Es liegt, was die Fläche angeht, auf Platz 22 in der Rangfolge der Bundesstaaten. Also etwa in der Mitte. Bei den Einwohnerzahlen allerdings auf Platz 4. Oder zum Vergleich: Obwohl in Florida etwa genauso viele Menschen wohnen wie im bevölkerungsreichsten Bundesland Nordrhein-Westfalen, ist es fünfmal so groß wie NRW. Die Maßstäbe sind hier halt etwas anders.

Wenn Sie also alles sehen und überall leben wollen, sollten sie nicht nur mindestens ein Jahr einplanen. Sondern auch über Goldreserven verfügen. Oder ein Bankkonto, das sich quasi automatisch nachfüllt. Herumreisen und ein normales Leben führen ist teuer, wenn man nicht grundsätzlich per Anhalter fahren und unter Brücken schlafen will. Aber das ist ja auch nicht normal.

Die Alternative: Man sucht sich einen Platz und studiert das Leben dort. Quasi wie unter dem Mikroskop. An einem Ort, in allen Einzelheiten.

Ausflüge zu Publix, beispielsweise. Die wollen gut geplant sein. Man geht ja nicht einfach so mal mit dem Einkaufsbeutel um die Ecke. Wenn man ein Auto hat, ist schon alles viel einfacher. Aber vielleicht kennen Sie ja jemanden, der kein Auto hat und dem sie einen *ride* anbieten wollen. Hilfsbereitschaft wird großgeschrieben in Amerika, das gehört sich einfach so. Dann verabredet man sich für einen bestimmten Tag in der Woche und erledigt das Einkaufen gemeinsam. Wofür Sie auf jeden Fall Zeit einplanen sollten.

Mit dem Parken gibt es in der Regel kein Problem, Publix verfügt über angeschlossene Parkhäuser oder riesige Parkflächen vor der Tür, und meist kostet es nichts, zumindest nicht die ersten beiden Stunden. Es kostet auch keine Mühe, einen Einkaufswagen zu nehmen. Das heißt, Sie benötigen, anders als in Deutschland, keine Münzen oder Chips, um den Wagen flottzukriegen. Sie nehmen ihn einfach. Er ist meist so groß, dass ein ausgewachsener Teenager hineinpasst. Aber den lassen Sie lieber schieben. Nach getanem Einkauf muss der Wagen auch nicht wieder irgendwohin zurückgebracht werden. Sie packen einfach Ihre Tüten in den Kofferraum und lassen den Einkaufswagen daneben stehen. Überall flitzen Angestellte herum, die die Dinger wieder einsammeln und zusammenschieben. Luxus. Wie Sie sich auch daran gewöhnen werden, dass an der Kasse jemand steht, der Ihre Einkäufe verpackt. So viele es auch sein mögen. Und Sie mit einem freundlichen Lächeln verabschiedet. Wenn Sie wollen, bringen die Helfer das Zeug auch zum Auto, wenn es zu weit weg steht. Und freuen sich über ein Trinkgeld. Und beim Verlassen des Parkhauses öffnet ein Parkwächter persönlich die Schranke, nachdem er Ihr Ticket kontrolliert hat. Ja, es gibt Arbeitskräfte in den USA. Das ist es, was einem nach einiger Zeit gar nicht mehr auffällt. Besuchern schon. Es arbeiten noch Menschen hier, wo in Deutschland längst Arbeitsplätze abgeschafft, wegrationalisiert oder von Automaten ersetzt wurden. Natürlich reden wir dabei nicht über gut bezahlte Posten mit Perspektive. Sondern von Hungerlöhnen an Hungerleider. Die oft illegal im Land sind. In Florida ein Riesenwirtschaftsfaktor. Ähnlich wie in anderen südlichen Bundesstaten, die in der Nähe von Lateinamerika liegen.

Selbstverständlich gibt es ein Gesetz, das die Beschäftigung illegaler Einwanderer in den USA untersagt. Das Interessante dabei ist allerdings, dass sich niemand für die Einhaltung des Gesetzes interessiert. Und das aus einer sehr nüchternen Erwägung heraus. *Business first.* Diesen sehr amerikanischen Grundsatz kann man an dem einfachen Beispiel gut studieren. Ganze Wirtschaftszweige würden in Florida zusammenbrechen, würde man auf die illegalen Einwanderer als Arbeitskräfte verzichten müssen. Oder die Preise würden massiv steigen, insbesondere im Hotel- und Gaststättengewerbe. Aber nicht nur dort. Der Verband der Landwirte, ein eher konservativer Verein in Florida, durchaus den Republikanern nahe, geht genau in diesem Punkt nicht konform mit den Grundsätzen dieser Partei. „Wer soll denn die Ernte einbringen?", so fragen sie. Im Flächenstaat Florida, der in weiten Teilen ländlich geprägt ist, ein wichtiger Faktor. Die Arbeiter, die aus Venezuela oder Mexiko kommen, verdienen in ihrer Heimat fünf Dollar am Tag. So viel bekommen sie in Florida ungefähr die Stunde. Für eine Arbeit, die der durchschnittliche weiße Amerikaner nicht für fünfzehn Dollar machen würde. So die Klage der Landwirte. Es klingt ein bisschen wie bei der Frage des Spargelstechens in Deutschland. Mit dem Unterschied, dass die Landwirtschaft einen viel höheren Stellenwert einnimmt. Und dass viel mehr Staaten mit niedrigsten Einkommen in der Nähe liegen als in Europa.

Vielleicht gibt es ein Problem mit der Sprache, wenn Sie

in den Regalen etwas suchen und Hilfe benötigen. Das kann schon manchmal ärgerlich sein, aber meist ist jemand mit ein paar Brocken Englisch zur Stelle. Oder Sie fragen nach dem Manager. Fragen kann seltsame Erlebnisse vermeiden helfen. Zum Beispiel die mit den Bananen. Die ich ganz am Anfang bei Publix erwarb, um auf dem Nachhauseweg vor Hunger gleich eine zu verspeisen. Doch was war das? Die Banane schmeckte nicht süß, sondern irgendwie ... mehlig. Seltsam. Außerdem sah sie orangefarben aus. Mit einem Wort – eklig. Ich hatte noch nie davon gehört, dass Bananen verderben. Es sei denn, sie sehen schon außen schwarz aus und sind innen besonders süß und matschig. Ich schaffte kaum die Hälfte und musste jeden Bissen mühsam hinunterwürgen. KANN MAN SICH DENN HIER NICHT MAL AUF DIE BANANEN IM SUPERMARKT VERLASSEN!? Zum Glück hörte mich niemand. Zu Hause befragte ich meine Mitbewohnerin. „O Gott, das sind doch keinen Bananen, das sind PLANTAINS!“, rief sie fassungslos. Und wie lange ich wohl schon in den Tropen leben würde. Gar nicht lange. Aber peinlich war es doch. Plantains sind nämlich Kochbananen. Man verzehrt sie nicht roh, sondern zum Beispiel gebraten, was äußerst lecker sein kann. Sie wachsen das ganze Jahr, lassen sich einfach lagern und wurden daher schon vor langer Zeit ein Hauptnahrungsmittel in Ländern Afrikas und Lateinamerikas. Ähnlich wie bei uns die Kartoffel. Und natürlich in der großen lateinamerikanischen Gemeinde von Miami. Eigentlich erkennt man sie auch ganz gut. Denn sie sind größer und dicker als unsere üblichen Bananen, außerdem eckiger und außen nicht hellgelb, sondern eher orange. Aber man muss bei Bananen sowieso umdenken. Wahrscheinlich wegen schlichter Abwesenheit der Europäischen Union und ihrer Richtlinien. Es gibt nicht die Standardbanane, sondern mehr oder weniger Bananen in allen möglichen Größen und Krümmungsgraden. Und die größte unter ihnen ist nun mal die Plantain.

Wenn man Glück hat, bekommt man sie schon verarbeitet bei Publix. Denn dieser Supermarkt bietet auch warmes, bereits völlig fertig zubereitetes Essen. Aus Thermoforen, bei denen man sich selbst bedienen kann. Oder an einem Stand. Leute stehen dort an und nehmen sich ein ziemlich leckeres Mittagessen mit nach Hause. Oder ins Büro. Ein Service, auf den man, zurück in Deutschland, auch wieder verzichten lernen muss. „Wie meinen Sie das jetzt, fertiges Essen!“ Die Verkäuferin hinter dem Fleischtresen bei REWE um die Ecke zieht sicherheitshalber schon mal indigniert die Mundwinkel nach unten. Und verlegt sich auf einen spöttischen Unterton. Hatte ich jetzt etwas verwechselt? Es bedurfte noch mal eines Anrufes in Miami. Nein, nein, es stimmte wirklich. Publix verkauft warme Mahlzeiten. Auch an den Ton in Deutschland muss man sich erst wieder gewöhnen. Obwohl der in Miami vergleichsweise ruppig und der in Köln vergleichsweise freundlich ist. Auch diesen Kulturschock sollte man einplanen.

Mein Lieblings-Publix befand sich in der 5. Straße an der Alton Road in Miami Beach. Es war mein ERSTER Publix. Wie ich offenbar mit überraschender Zärtlichkeit in der Stimme zu sagen pflegte. Wie meine Freunde bemerkten. „Du sprichst von deinem ersten Publix wie von deiner ersten großen Liebe!“ Irgendwie fanden sie, dass ich ganz schön viel Gewese um das Einkaufen machte. Andererseits drückten sie auch ihre Bewunderung aus. Schließlich ergatterte ich nicht selten Superschnäppchen in bester Qualität. Es schien für sie in einem sehr positiven Sinne deutsch oder europäisch zu sein. Die Suche nach guten Produkten. Die gleichzeitig bezahlbar sind. Darauf zu schauen, dass man wirklich eine Gegenleistung für sein Geld bekommt. Und nicht wahllos – möglichst auf Pump – konsumiert.

Aber es ging auch gar nicht so sehr um das Einkaufen selbst, um Schnäppchen oder dergleichen. Es ging wieder – um das Zuhause-Gefühl. Das Angekommensein. Das Alltag-Leben. Das Sich-für-ganz-normale-haushälterische-Dinge-Interessieren, weit weg in Amerika. Irgendetwas daran löste eine tiefe innere Befriedigung aus. So, als wäre jetzt alles so, wie es sein sollte. Es war die Kombination aus meinem appetitlichen Opera-Tower – wo ich nun scheinbar eine Wohnung gefunden hatte – in Kombination mit dem appetitlichen Publix, 5th Street and Alton Road, der also fortan mein Lieblings-Publix wurde. Weil er mich immer an dieses Gefühl dieser ersten Tage erinnerte. An eine Entscheidung, die ich bezüglich Wohnung vielleicht besser getroffen hätte. An die Möglichkeiten, die es gab. Vielleicht nicht dieses Mal. Aber irgendwann.

Es war ein Symbol für Nachhause-Kommen in Amerika. Die Produkte studieren und in Gedanken meinen Kühlschrank einräumen. Und die anderen Schränke. Selbst gemachte Burger planen oder sonst etwas sehr Amerikanisches. Danach dann bzw. am nächsten Tag ein gesundes Steak mit Salat. In meiner frischen neuen Küche. Gut, Küchenzeile. Aber mit Ausblick auf die Stadt und Biscayne Bay. Auf *downtown* Miami und seine Skyline. 44. Stock. Es war wie manchmal im Leben, der Blitz schlägt ein, wir registrieren es sehr wohl – aber machen uns gleichzeitig nicht klar, dass jetzt nicht noch zwanzig weitere Blitze folgen. Sondern, dass es eben DIESER Blitz war. Der Erkenntnis bringen und Handlung nach sich ziehen sollte. Denn danach kommen in der Regel keine ähnlich gelagerten Einschläge mehr. Es gibt Menschen, die ihr ganzes Leben damit zubringen, über die vertanen Chancen eines Blitzeinschlags zu grübeln. Bei mir dauerte es fast ein halbes Jahr.

Zum Glück ging es ja nur um eine Wohnung. Aber immerhin. Es beschäftigte mich so, dass ich nur noch das

„O"-*word* auszusprechen brauchte, und alle begannen zu schmunzeln. Was hat sie nur damit. Immerhin, es gab Horrorgeschichten über dieses Gebäude. Die man in den entsprechenden Internetforen nachlesen konnte. Geschichten, die sich offenbar erst zeigten, wenn man dort tatsächlich wohnte. Von Hundekot auf den Fluren über kaputte Geräte, die nicht repariert wurden. Bis hin zu ewigen Wartezeiten an den Aufzügen, von denen die Hälfte regelmäßig nicht funktionierte oder schlicht abgeschaltet war. Um Strom zu sparen. Und wer läuft schon jeden Tag in den 44. Stock? Von hellhörigen Wänden über Dreck im Pool bis hin zu unfähigem Personal am *front desk*. Was sollte ich sagen? Glück gehabt? Wie mit der Liebe entscheiden sich aber eben auch Wohnungsfragen nicht ausschließlich oder nicht vor allem entlang der Fakten. Die zudem von Menschen unterschiedlich gewertet werden. Während der eine Zweihundert-Quadratmeter-Altbauwohnung benötigt, die ruhig dunkel sein können, sehnte ich mich nach Sauberkeit, Licht und Weite. Dieses Panorama, der Standort und die Südseite – das war die Essenz meines Aufenthaltes. Wie sich herausstellte, war es der Grund, weshalb ich hier war. Ich konnte es mir nicht aussuchen. Es hätte ja genauso gut auch eine kleine Wohnung am Strand sein können. Aber der liebe Gott, oder wer auch immer dafür zuständig war, fragte gar nicht. Und er duldete auch keinen Ersatz und keine Kompromisse. Jedenfalls nicht, wenn es um dieses einzigartige Gefühl gehen sollte.

Vielleicht stehen Sie ja eines Tages an der nördlichen Endhaltestelle des Metromover in Miami. Eines jener seltenen Stücke Sozialismus in Amerika. Ein öffentliches Nahverkehrsmittel, das KOSTENLOS benutzt werden kann. Eine Art Mini-Transrapid durch die Innenstadt von Miami.

Zwanzig Haltestellen auf insgesamt sieben Kilometern Streckennetz. Wenn Sie erst mal das System von *outer loop* und *inner loop* begriffen haben, jener beiden Schleifen, die das Wesen des Metromover ausmachen – eine mit, die andere gegen den Uhrzeigersinn –, dann werden Sie sich auch nicht mehr so oft verfahren. Es kostet ja eh nichts. Jedenfalls nicht den Nutzer. Nur den Steuerzahler. Zu den Gründen, nicht die Wohnung im Opera zu beziehen, hatte die Überlegung gehört, ICH WÜRDE JA HIER WOHL AUF JEDEN FALL ein Auto benötigen. Ich hatte schon zu viel Zeit in Amerika im Auto verbracht. Nicht dass ich es nicht lieben würde. Aber es ist dann doch immer wieder eine ähnliche Perspektive. Zu meiner Vorstellung von Alltagsleben gehörte dann seltsamerweise doch die Vorstellung, ganz die Europäerin, doch mal von A nach B zu Fuß zu gelangen. In South Beach war das möglich, und das genoss ich sehr. Und nun wieder komplett auf ein Auto angewiesen sein? Welch eine von keinerlei Kenntnis getrübte Vorstellung. Wenige Monate später stellte ich fest, dass der Metromover nicht nur praktisch vor der Tür hielt. Und einen ohne Cent quer durch die Stadt brachte. Sondern dass sich darunter auch noch der Busbahnhof Omni-Station befand. An dem die meisten wichtigen Linien hielten. Man musste es eben mal AUSPROBIEREN!

Also, vielleicht stehen Sie eines Tages an der Omni-Station und warten auf eine der kleinen führerlosen Kabinen. Hinauf mit dem Fahrstuhl, der Treppe oder dem *escalator.* Dann stehen Sie da, schauen Richtung Süden, sehen die Skyline von Miami – und haben einen Eindruck vom Blick aus meiner Wohnung. Nur ein paar Dutzend Stockwerke weiter oben. Mir war nur noch die Omni-Station für den Blick geblieben. Und jedes Mal erinnerte ich mich schmerzlich daran, dass es DIES gewesen wäre. Zeitweilig entwickelte ich eine richtige Obsession. Am liebsten hätte ich dort, mit Blickrichtung Süden, meine Zelte aufgeschlagen. So wie die *homeless people,* die man dort dann und wann trifft. Die meisten leben allerdings ein paar Blocks weiter westlich. Wenige Straßenzüge von den neuen Hochhäusern am Bay trifft sich das pure Elend auf der Straße. Begleitet von Kriminalität. Ein paar Straßenzüge entfernt von Glamour und Geld – die nackte Armut. Oft sind es Schwarze. Im Winter liegen sie dort dicht an dicht in ihre Schlafsäcke gewickelt. Dort, wo Miami noch immer so unfassbar unfertig wirkt. Riesige abgezäunte Grundstücke, bestehend aus grasgrüner Wiese oder grauer Schutthalde. An manchen stehen Schilder der neuen Investoren. Oder simpel „For sale". Und auch hier entsteht – Sie ahnen es – ein neuer Publix. In einer Gegend, in der Einkaufsmöglichkeiten schlicht Mangelware, gleichzeitig in den letzten Jahren viele Häuser mit Hunderten Wohnungen entstanden sind. Deren Mieter oder Eigentümer also natürlich das Auto anspannen, um Lebensmittel einzukaufen. Sie werden bald – und ich kann es kaum erwarten – nur über die Straße zum neuen Publix schlendern können.

So dachte ich in Deutschland. Doch siehe da – neun Monate, nachdem ich Miami und die Fundament-Arbeiten verlassen hatte, war der Publix SCHON FERTIG: Auch das gehört zu den Eigenheiten, wenigstens in Florida. Überall ploppen Baustellen auf, vielleicht dauert es länger, als man sich wünscht, doch es wird ständig gearbeitet und bald abgeschlossen. Jedenfalls und anscheinend schneller als in Deutschland. Vielleicht nicht so schnell wie ein Bauprojekt in China, wie hier viele ebenfalls klagen.

Das Gute am amerikanischen Alltagsleben ist, dass es sich so sehr auf all die praktischen Dinge konzentriert, die wir alle ohnehin jeden Tag benötigen. Der sprichwörtliche Pragmatismus zeigt sich hier eigentlich am schönsten – denn es geht dabei ja eben um praktische Dinge. Wie wohltuend, wenn man das nicht als lästiges Übel begreift. Sondern als etwas, das nun mal unverrückbar zu unserem Leben dazugehört. Dem man also Respekt und Aufmerksamkeit schenken sollte, um es so angenehm wie möglich zu gestalten.

Dazu gehört zum Beispiel, dass man Schränke braucht. In Deutschland sind sie meistens zu klein, sie nehmen zu viel Platz weg, also wird an ihnen gespart. Kein Respekt für Raum und die Notwendigkeit, die materiellen Dinge, die uns umgeben, irgendwo ordentlich zu verstauen. Ein zu großer Schrank gilt oft nicht nur als lästiger Überfluss, sondern zugleich als etwas irgendwie unangemessen Luxuriöses. Anders in einem Land, das per se schon mal riesengroß ist. Und es schon immer war. Und so gehören zum Standardprogramm einer jeden Wohnung – Einbauschränke. Manchmal gerade groß genug. Manchmal in den Ausmaßen von kleinen Zimmern. Auf jeden Fall BEGEHBAR. Das ist hier, wie gesagt, kein Luxus, sondern Normalzustand. Es kann etwas unendlich Befreiendes besitzen, ENDLICH MAL PLATZ ZU HABEN. Es respektiert den körperlichen Umfang des Menschen, selbst wenn er nicht in XXXL daherkommen sollte.

Der weitere große Vorteil: Schränke müssen nicht immer mitgenommen und nach jedem Umzug neu aufgebaut – oder qua mühsamer Abstandsverhandlungen dem Nachmieter aufgeschwatzt – werden. Sie sind einfach da, sie gehören dazu, und sie bleiben, wo sie sind. Besser geht's nicht. In jeder neuen Wohnung findet man sie schon vor. Und muss nicht mit Schraubenziehern umständlich den halb verrutschten Schrankteilen zu Leibe rücken. Das Gleiche gilt oft für Waschmaschine und Trockner. Jedenfalls in den neueren, hochwertigeren Häusern. Auch die gehören nicht selten zur Wohnungsausstattung. Mindestens gibt es Waschküchen mit Münzautomaten im Haus. Haben Sie das schon mal in Deutschland erlebt? Selbst wenn Sie Unsummen für die Miete ausgeben mussten? Na also. Das Schleppen einer Waschmaschine bei Umzügen rangiert gleich hinter dem des Klaviers. Es ist eigentlich unfassbar, dass sich das hier noch nicht herumgesprochen hat. Und dann – gleiches Prinzip – die Küche. Allerdings – nun ja, da gibt es Einschränkungen.

Meine bescheidenen Erfahrungen beschränken sich vor allem auf Miami oder besser gesagt Miami Beach, was wirklich nicht dasselbe ist. Wie alle wissen, die schon einmal dagewesen sind. Aber fangen wir mal mit den Küchen an. Weshalb sind amerikanische Küchen eigentlich immer so ein bisschen, so – muffig? Sie riechen irgendwie nach altem Holz, ein bisschen feucht, und nach vermutlich bei uns nicht mehr handelsüblichen Lösungsmitteln. Es ist auch nicht wirklich eine Frage des Preises. Dieses Apartment ist schön – bis auf die Küche. In den Georgetown Suites in Washington – muffelte die Küche. Etwas anders gelagert, aber für ein Hotel dieser Preiskategorie muffelte sie definitiv zu sehr. In den Penn-2424-Apartments war die Küche auch nicht appetitlich. Roberts Küche war relativ neu mit schöner Granitoberfläche und *stainless steel*-Becken. Wenn man die Türen der Küchenschränke öffnete: muffelte es. Nach Essig, aber außerdem auch nicht sehr appetitlich. Die erste schöne Küche, die ich hier gesehen habe war eine in Coconut Grove. Und die im Opera Tower natürlich, gerade drei Jahre alt. Vielleicht muss ich die Frage der Wohnung nach der Küche entscheiden. Eine amerikanische Küche, die appetitlich ist, muss – meinen Erfahrungen zufolge – automatisch einen äußerst appetitlichen Rest an Wohnung nach sich ziehen. Die Küche scheint hier das Appetitlichkeits-Barometer einer Wohnung zu sein. Auch die besten Wohnungen haben nicht unbedingt eine schöne, weil man darauf offenbar den wenigsten Wert legt. Jedenfalls in möblierten Apartments. Ist SOGAR die Küche schön, muss der Rest wunderbar sein.

Alle Freunde, die meine Wohnungssuche über all die Monate hin immer und immer wieder begleiteten und neugierig Anteil nahmen, lernten schnell, dass es bei Bettina ein besonderes Kriterium gab. Es lautete: UND ES RIECHT GUT! War dieser Satz gefallen, konnten sie davon ausgehen, dass ich die Wohnung nehmen würde. Oder ihr wenigstens noch ein Weilchen hinterher trauerte. Wie der im Opera Tower. Im Verlaufe meines Jahres hatte ich immer nur noch das „O-Wort" sagen müssen, und alle wussten, worum es ging. Bettina war wieder mal im Leasing Office aufgekreuzt und hatte sich erkundigt, ob vielleicht doch wieder ein „Studio" frei war. Also die amerikanische Variante der Ein-Zimmer-Wohnung. Südseite natürlich mit diesem gigantischen Panorama über die Stadt, über Biscayne Bay bis hin zum Ozean. Dort, wo die Küche gut roch. Und auch das Bad und alles andere auch. Der Opera Tower wurde im Verlaufe dieses Jahres zu einer Chiffre für ein Leben, das ich gerne geführt hätte. Oder irgendwann noch einmal gerne führen würde.

Und mit Blick über die Skyline von Miami. Das Inspirierendste, was sich für mich denken ließ. Jemand war mal auf die Idee gekommen, auf dem Dach eines der Wolkenkratzer farbige Lichtbänder anzubringen. Einer hatte angefangen. Und nach und nach zogen alle hinterher. Gelb und rot und blau. Es ist genau das, was die Skyline so besonders macht, was man im ersten Moment gar nicht direkt zuordnen kann. Häuser, gebaut mit dem Geld der kolumbianischen Drogenmafia in den Neunzigerjahren, so heißt es, als die Kriege um das Kokain in Lateinamerika jede Menge Geld nach Miami spülten. Das hier gewaschen wurde. Darüber muss man sich im Klaren sein, wenn man dieses Bild bejubelt. Ohne Drogenmafia – keine Skyline. Jedenfalls nicht diese. Davon abgesehen vereint sie alle Merkmale sonstiger Hochhaus-Skylines. Sie ergibt ein typisches Abbild vieler amerikanischer Städte. Und macht sie dadurch – sehr amerikanisch.

Die Wohnung im Opera Tower war in vielerlei Hinsicht ein Symbol dafür. Ein Symbol für Amerika. Für mein Lebensgefühl, das sich daran festmachte. Ein Symbol meines Mutes und meiner Abenteuerfreude. Für das Abheben und Emporsteigen. Für die Unbegrenztheit des Himmels und der Möglichkeiten. Die Lichter und die Farben. 44 Stockwerke über der Erde. Eine Heimat, ein Zuhause gefunden zu haben, dort. Die Farben, die Lichter, das Ein- und Ausatmen der warmen Meeresluft auf dem Balkon. Meine Wohnung mit Einbauschrank und appetitlicher Küche. In der das ganze amerikanische Leben stattfinden kann. Auch wenn es nur eine kleine Küchenzeile ist. Sie hat Mikrowelle und Herd. Geschirrspüler und Kühlschrank. Alles, was man braucht. Und ein appetitliches Bad.

Ich war eigentlich nur per Zufall darauf gekommen. Nachdem feststand, dass ich aus Roberts Apartment im Decoplage würde ausziehen müssen, begab ich mich auf die Suche. Der entscheidende Unterschied bei der Wohnungssuche in Amerika ist, dass der Makler vom Vermieter bezahlt wird. Nicht vom Mieter. Anders als in Deutschland, wo ich die Wohnungssuche am Hals habe und dann noch für den Dienst, mir mal die Tür aufzuschließen, eine oft vierstellige Summe zu berappen habe, geht es in den USA genau andersherum. Am Ende hatte ich etwa dreißig Makler kennengelernt, die alle rührend darum bemüht waren, das Passende für mich zu finden. Und für deren Dienst ich keinen einzigen Pfennig zu bezahlen hatte. So viel zum unsozialen Amerika.

Allerdings wollte ich etwas Möbliertes mieten und dann auch noch am besten *short term*. Das heißt auf Monatsbasis, sodass ich flexibel genug wäre, mir auch andere Gegenden Floridas noch genauer anzuschauen. Möbliert und *short term* – dazu in einem bestimmten Preislimit, diese Kriterien engten die Wohnungssuche natürlich ein. Vor allem, wenn man gleichzeitig noch ein paar Ansprüche an Wohnkomfort umgesetzt sehen wollte.

Februar

Und dann. Tage wie dieser. Vorfrühling. Der Himmel so klar und hell und hoch. Das Sonnenlicht so weiß, dass man es kaum aushalten kann. Die Hochhäuser der Skyline von Miami stehen mit den Palmen zusammen davor wie – Dekoration. Die ganze Stadt erscheint – durchsichtig. Die Luft ist trocken, ein seltener Zustand. Man kann bei zwanzig Grad Celsius gut spazierengehen, ohne sich sofort nach dem Strand zu sehnen.

Miami Beach ist von Miami durch ein kleines, stattliches, selbständiges Meer getrennt, Biscayne Bay. Eine eigene Stadt. Und daher nicht mit Miami zu verwechseln. Zwei grundverschiedene Orte, an denen es sich grundverschieden lebt.

Dort, am Atlantikstrand, ist das Licht noch ein bisschen weißer. Der Himmel noch etwas höher. Und blauer. Von zwei Seiten mit Wasser umgeben. Bay hier, Ozean dort. Die Fotografen lieben diesen Ort. Wegen des Lichts, aber noch mehr, weil es keinen Schatten gibt. Keine Berge im Hintergrund. Nicht mal den allerkleinsten Hügel. Sie können zu jeder Tageszeit aufnehmen. Deswegen ist die Gegend so beliebt für Fotoshootings aller Art.

Deswegen zieht es Models und Wannabes hierher. Stars und Sternchen, die im Gefolge der Fotografen auf ihre Chance warten. Lange warten müssen sie meist nicht. Jedenfalls nicht auf irgendeine Möglichkeit, sich zu zeigen. Oder auf die eine oder andere Art, Spaß zu haben.

Langbeinige, wenig bekleidete Mädchen mit langen Haaren und großen Sonnenbrillen, mit oder ohne Hündchen an der Leine, jedenfalls immer mit BlackBerry in der Hand, laufen in jeder Straße herum. Manche arbeiten in der Modebranche. Manche möchten den Eindruck erwecken. Der Busen ist meist nicht echt. Aber das ist ohnehin bei vielen hier so. Auch beim Geschlecht stellen sich Fragen. Wer wozu gehört, das weiß man nicht immer so genau.

Und das kümmert wirklich keinen. Jede Art des Entertainments ist gut. Je schriller und verrückter, umso besser. Obwohl es ganz bestimmt schrägere Orte gibt auf der Welt. Aber man kam schon immer her, um sich gut zu unterhalten. Und ein paar Paradiesvögel mehr können die Lebensqualität auf der Lincoln Road nur steigern. Nicht nur an Halloween, wenn richtige Kostüme angesagt sind. Typisch angsteinflößende und gemischt mit bunter tropischer Vielfalt, wie im Karneval in Rio. Und es gibt eine große Gay Community.

John war in dieser aufregenden Stadt das erste Opfer meines brandneuen Aufnahmegerätes. Oder besser gesagt meines unfassbaren Respekts vor diesem 600-Dollar-Ding. Der mich zu der Annahme verleitete, dieses Gerät würde, ohne jede Probephase, alles von selbst können, wissen und verstehen. John begleitete mich als Stadtführer auf einer Tour durch das Art-déco-Viertel von South Beach für eine geplante Sendung. Ich machte ihn damit vertraut, was ich bräuchte und wie das Ganze ablaufen sollte. Ein paar Dialogszenen. Ansonsten bat ich ihn, mir seine architektonischen und historischen Beschreibungen einfach ins Mikrofon zu diktieren.

John spielte mit, und dafür, dass er wirklich ein älterer Herr war, bestimmt über siebzig, ertrug er meine ständigen Regieanweisungen mit erstaunlicher Geduld. Mikro hier, Mikro da, jetzt noch mal dorthin. Jetzt hier hinüber! O nein, die Hintergrundgeräusche sind zu laut, wir müssen da drüben reingehen ... und so weiter. Er war einfach ein Schatz. Freundlich, ausdauernd, professionell. Aber auch sehr korrekt. Ich wurde nicht müde, mich zu bedanken. Für all diesen Extra-Aufwand. Und vor allem war ich hingerissen von dem, was er zu erzählen hatte. Die Geschichte dieses Streifen Sandes zwischen Biscayne Bay und Atlantik war so faszinierend. Vor allem im Vergleich. Während in Deutschland die Nazis die Macht übernahmen, sich für ein paar Jahre nach der Weltwirtschaftskrise ein allenfalls bescheidener kleiner Aufschwung auf Pump einstellte, bezahlt mit dem ungedeckten Scheck eines bevorstehenden Krieges – entstand hier zur selben Zeit ein architektonisches Kleinod, das sonst nur an wenigen Orten in der Welt zu finden ist. Aber auch das nicht ganz ohne zwielichtigen Einfluss. 800 Gebäude im Art-déco-Stil. John bringt sie zum Sprechen. Und damit die Geschichte dieser Stadt.

Die Mafia hat diesen Ort schon immer geliebt. Während der Prohibition haben sie einen Riesenreibach mit dem Alkoholschmuggel gemacht. Die Nähe zu den karibischen Inseln machte Miami zum idealen Umschlagplatz. Die Polizei schaute sowieso weg. Es gab Etablissements, in denen einfach hinter einem Vorhang ausgeschenkt wurde. Mit den Regeln hat man es in Miami noch nie besonders genau genommen. Jedenfalls solange irgendjemand vom Verstoß gegen sie profitieren konnte. Aber dann war Schluss. Mit dem Ende der Prohibition versiegten die lukrativen illegalen Einnahmequellen. Man musste sich also etwas Neues einfallen lassen. Und zwar? Nicht einfach nur Tourismus – sondern Glücksspiel. Die Mafia versorgte also kleine Investoren mit Geld. Die haben dann die Häuser gebaut, schick im ganz aktuellen Art-déco-Stil, dann haben sie Hypotheken aufgenommen und der Mafia das Geld zurückgezahlt. In den Hotels hat man Casinos eingerichtet. Zum Beispiel im Essex. Wo noch heute die im typischen Terrazzo-Fußboden eingelegten drei Pfeile in Richtung Bar zeigen. Nur war dort allerdings früher nicht die Bar, sondern das Spielcasino. Ganz diskret.

Nach dem großen Boom in den Dreißigern und Vierzigern verblasste der Charme allmählich. Im nördlichen Miami Beach wurden in den Fünfzigern und Sechzigern die neuen großen und modernen Hotels errichtet – im MiMo-Stil, Miami Modern, im Fontainebleau und Deauville sang Frank Sinatra und gastierten die Beatles. Von den kleinen altmodischen Hotels in South Beach wollte bald niemand mehr etwas wissen. In den Siebzigerjahren wurde es ganz schlimm. Niemand investierte mehr etwas in die Häuser, der Plan der Stadt war, alles abzureißen und durch ein gigantisches neues Urlauberparadies zu ersetzen. Für manche erschien die Idee eher wie eine Hölle.

Dann tauchte die pensionierte Journalistin Barbara Capitman auf. Eine eigensinnige ältere Dame, wie viele sogleich bemerkten. Sie kam von außerhalb, sie kam mit einem gewissen Abstand, den es mitunter braucht, um klarer zu sehen. Sie erkannte den Wert der heruntergekommenen Bauten, und sie wusste, was sie wollte. Gemeinsam mit ihrem Mitstreiter Leonard Horowitz gründete sie 1976 die Miami Design Preservation League. Und dann gelang ihr, was damals eigentlich undenkbar schien: Im zähen Ringen mit dem Kongress in Washington erreichte sie, dass das gesamte Ensemble von Hunderten Art-déco-Bauten auf die nationale Denkmalschutz-Liste aufgenommen wurde. Obwohl es damals noch keine fünfzig Jahre alt war. Jünger jedenfalls als mancher Abgeordnete. Damit waren die Gebäude einerseits vor dem Abriss bewahrt. Andererseits winkten auch steuerliche Vergünstigungen für die Eigentümer, wenn sie bereit waren, die heruntergekommen Bauten wieder neu aufzuputzen. Ohne die beiden Aktivisten und ihre Mitstreiter wäre South Beach mit seinen wunderschönen rekonstruierten Art-déco-Häusern heute nicht, was es ist, sagte John stolz.

Zu Hause angekommen spielte ich die Aufnahmen von etwa anderthalb Stunden Länge, gedacht für eine Halbstundensendung, in meinen Laptop ein. Ich war glücklich und dankbar. Es war genau das, was so viel Spaß machte hier. Es ist die Offenheit der Amerikaner, die das journalistische Arbeiten zu einer besonderen Freude werden lässt. Jeder liebt es, seine Geschichte ins Mikrofon zu erzählen. Es sind nicht nur die fünfzehn Minuten Berühmtheit, von denen einst Andy Warhol sprach. Es ist *the First Amendment*! Es hat jedenfalls eine Menge damit zu tun. So versichern alle, die man danach fragt. Wir lieben es, unsere Geschichte zu erzählen! Denn nicht nur Amts- und Würdenträger liefern bereitwillig Auskunft. Eigentlich jeder, dem man das Mikrofon in die Hand drückt, redet sofort und begeistert. Druckreif oder wenigstens auf den Punkt. Und ohne sich angstvoll die Kapuze über den Kopf zu ziehen. Die unterschiedliche Geschichte Europas und der Vereinigten Staaten von Amerika wird einem auch in solchen Momenten bewusst. Das Recht auf freie Meinungsäußerung ist ein hohes Gut in den USA. Ein höheres als in der deutschen Geschichte. Und noch heute schütteln wir manchmal den Kopf, was man alles durchgehen lässt, was alles gesagt und gedacht werden darf – im Namen der Meinungsfreiheit. Die positive Seite dieser Politik lernt man u.a. als Journalist kennen.

Es ist auch die Faszination angesichts dieser Geschichte auf einem kleinen Fleckchen Erde. So weit entfernt von Europa, so berühmt, selbst in Amerika, für seine Mythen. Und so viel mehr als ein reines, langweiliges Urlaubsparadies am Strand. Ich war dankbar für die Erzählungen von John – und für den Rat des Kollegen von WLRN, der mir empfohlen hatte, bei der Anschaffung eines Aufnahmegerätes nicht auf den Cent zu schauen. Sondern das modernste und solideste zu nehmen, das in diesem Jahr auf dem Markt war. Mit einem kleinen Computer innendrin, der einfach sehr, sehr schlau sein musste.

Als die Tonaufnahmen eingespielt sind, höre ich mir

das Ergebnis an. Man hört etwa anderthalb Stunden lang Straßenlärm. Und in Ergänzung dazu, ganz leise irgendwo im Hintergrund – die Stimme von John. Rauschen am Abgrund des Lebens. Es klingt einfach ENTSETZLICH. Ich kann es drehen und wenden, wie ich will. Hier ein wenig den Pegel ändern, dort ein wenig nachbearbeiten. Es hilft gar nichts. Das Ganze klingt nicht wie ein Stadtspaziergang durch South Beach, sondern nach einer einzigen Katastrophe. Und keinesfalls auch nur für eine einzige Aufnahme im Radio zu verwenden. Es ist nicht mehr zu retten. Die Ursache ist mir noch nicht klar, aber das spielt auch keine Rolle mehr. Ich bin am Boden zerstört. In einer Weise, die sich schwer übertreiben lässt. 24 Stunden lang bin ich einfach nur fertig. Es ist das Horrorszenario schlechthin für jeden Journalisten. Und vermutlich haben viele uns irgendwann mal ähnliche Geschichten zu erzählen gehabt. Wenn auch wahrscheinlich nicht ganz so blöd.

Denn nicht nur, dass das superspannende Tonmaterial für meine große Reportage verloren ist. Nicht nur, dass ich mich bis auf die Socken blamiert habe. Der nette, freundliche und zugleich sehr korrekte John war auch völlig vergebens so hilfsbereit und kooperativ. Wie er da mit meinem Mikrofon in der Hand durch South Beach gezogen ist. Alles vergeblich. Nicht nur meinetwegen, sondern viel mehr noch, was ihn anging, schämte ich mich zu Tode.

Es braucht einen ganzen Tag, bis ich dem Ausmaß meiner Niederlage überhaupt ins Auge sehen kann. Und sie so weit verarbeitet habe, dass ich erkenne, ich muss jetzt handeln. Was auch immer der Grund gewesen sein mag. Mit hängendem Kopf schleiche ich zurück ins Art-déco-Center am Ocean Drive. Noch nie habe ich das Wort „zerknirscht" so buchstäblich zwischen meinen Zähnen gespürt wie an jenem Nachmittag. Noch nie schmeckte es so nach Sand. Andererseits bin ich mitunter auch nicht ganz schlecht darin, Fehler ohne jedes Herumreden einzugestehen. Mit der nötigen Portion Demut und Bußwilligkeit.

Das Art-déco-Center ist zu diesem Zeitpunkt in der Rekonstruktion begriffen und nicht viel mehr als ein Geschenke-Shop, in dem man allerlei wirklich entzückende Art-déco-Utensilien erwerben kann. Bilder und Plakate aus vielen Jahrzehnten, Schmuck, kleine Gegenstände, Bücher, Ansichtskarten. Und Tickets für die Touren durch das Art-déco-Viertel, die genau dort beginnen.

Die Mitarbeiterin am Tresen befindet sich vermutlich nur knapp unter Johns Alter. Dafür spricht sie nicht mit seinem New Yorker Ostküsten-Tonfall. Sondern, wie im Großraum Miami verbreitet, ein Englisch mit schwerstem spanischem Akzent. Nachdem sie mich – für ihre Begriffe ausreichend lange – strafend angesehen hat, schlägt sie mir, der Sünderin des Tages, vor, morgen noch mal wiederzukommen. Dann hat John auch noch mal eine Tour, sagt sie.

„Sie müssen mit ihm reden. Sagen Sie ihm, dass die Aufnahmen nicht verwendbar sind. Er wird Ihnen verzeihen. Und vielleicht können Sie ja noch mal eine Aufnahme nachholen." Ich bin zur Verzückung bereit. Amerika liebt gefallene Sünder, die zur Buße fähig sind, wenigstens verbal, und sich dann wieder aufrappeln. Man muss das wahrscheinlich einmal erlebt haben, um dieses Land dafür zu feiern. Es hat etwas von griechischer Katharsis. Ich gehe bestens gelaunt nach Hause.

Am nächsten Abend das gleiche Spiel noch einmal. Mit dem Mikro in der Hand warte ich im Geschenke-Shop unauffällig auf John. Und lege, wie ein begossener Pudel, ein zweites Mal meine Beichte ab. Man sieht, wie für etwa eine Sekunde die Farbe aus seinem Gesicht schwindet. Es folgt ein halber Satz, aus dem ein klein wenig Enttäuschung klingt. Dann schnappt er sich mein Mikrofon und weist in Richtung der Reisegruppe, die sich bereits zur Tour versammelt hat. Kein Problem, dann machen wir es eben noch mal.

Ein Satz, den ich mir gerne in Gold rahmen lassen würde. Wir machen es noch mal! Der Erlösungssatz für alle gefallenen Sünder und Versager. Wie für mich an diesem Tag. Einfach die Reset-Taste drücken. Oder den *undo button*. Ein Fehler, gestrichen aus den Annalen des Lebens. Die – nicht nur sprichwörtliche – zweite Chance. Bitte schneiden, bitte schneiden. In den Vereinigten Staaten macht manchmal selbst Verlieren Spaß. Mir wenigstens.

Am Ende des Rundgangs sitzen wir wieder alle in dem Hotelfoyer, in dem John regelmäßig seine Touren beendet. In einem dieser wunderschönen alten Hotels aus den Dreißigerjahren. Von denen es hier – Dutzende gibt. 10. Straße an der Collins Avenue. Ich kann nicht sagen, wie dankbar ich bin. Aber ich möchte es auf jedem Fall zeigen. John allerdings scheint nicht nur sehr freundlich zu sein, sondern auch sehr konservativ. Auf die Einhaltung traditioneller gesellschaftlicher Konventionen bedacht. *Business lunch* ist eine sehr verbreitete Variante des sozialen Miteinanders in den USA. Und so schlage ich genau das vor. Einen gemeinsamen Lunch. Und füge, mit Blick auf den Trauring an seinem Finger, gleich noch die Einladung an seine Gattin hinzu. Ich sehe die bestimmt auch sehr freundliche und bestimmt auch schon ältere Dame im Geiste deutlich vor mir. Er lächelt und bedankt sich höflich. „Ich melde mich!"

Zu Hause spiele ich alles wieder ein – und siehe da: Die Aufnahmen sind diesmal von allerfeinster Tonqualität! Ein glockengleicher Klang. Ich habe alles richtig gemacht. Infolge meines Missgeschickes und auf der Suche nach dem Fehler hatte ich die Gebrauchsanweisung für den *voice recorder* buchstäblich auswendig gelernt. Zumindest in einer Gründlichkeit studiert, wie zuvor noch nie in meinem Leben bei einem technischen Gerät. Dafür kenne ich es nun in- und auswendig. Und das wäre ohne das Desaster vor zwei Tagen nicht so gekommen.

Statt des externen Mikrofons mit dem langen Kabel, das John in der Hand hielt, hatte ich beim ersten Mal die Mikrofone im Aufnahmegerät eingeschaltet. Welches ich in gebührendem Abstand hinter ihm spazieren trug. Und mit dem ich also alle Straßengeräusche von Miami Beach dokumentierte. Anstatt Johns Ausführungen. Der seinerseits mit dem ausgeschalteten Mikro in der Hand vor mir hermarschierte. So banal können Ursachen für Katastrophen sein. Vor Freude schickte ich ihm rasch noch ein paar Zeilen. Obwohl es schon spät am Abend war. Vielen Dank, und er möge sich melden, wann es nächste Woche mal mit dem Lunch passt. Glückselig fiel ich ins Koma.

Am nächsten Morgen schaute ich in meine E-Mails. „Das freut mich sehr, dass es diesmal geklappt hat!", stand da. „Ich nehme Ihre Einladung gerne an. Und ich bin auch verheiratet. Allerdings MIT DEM JUNGEN CHINESEN, der uns auf der Tour begleitet hat. Erinnern Sie sich? Wäre es Ihnen auch recht, wenn er uns zum Lunch begleiten würde ..." Bei den letzten Worten war ich schon vor Lachen unter den Stuhl gekippt. Da war er also, der stockkonservative, auf traditionelle gesellschaftliche Konventionen bedachte John. Merke: Es geht auch in Florida nichts über die Komik voreiliger Schlussfolgerungen. Und: Die Mitglieder der Gay Community in South Beach sind nicht alle zwischen zwanzig und dreißig. Und sie sehen auch nicht alle so aus.

März

Das Schöne an einem Jahr Aufenthalt ist, dass man sich all dem entziehen kann, weshalb viele Leute überhaupt erst kommen. Florida ist aufgrund seines Klimas und der eineinhalbtausend Kilometer Strand das Urlaubsparadies schlechthin. Weit über die Grenzen der USA hinaus. Das bedeutet, dass es allerlei Dinge gibt, die extra für Touristen gemacht werden. Und um die einen großen Bogen zu schlagen ich mir fest vorgenommen hatte.

Auch in Deutschland sehen Menschen wie ich viele Attraktionen der jeweiligen Heimatstadt erst, wenn mal wieder Besuch von außerhalb vor der Tür steht. Und so war es jetzt auch. „Wenn ich schon mal da bin, dann will ich doch auch die Vergnügungsparks ansehen", wünschte sich meine Schwester. Was ich gut verstehen konnte. Doch vom Prinzip her musste man noch mal Bedenken anmelden. In der Reise, die sie gebucht hatte, war alles inbegriffen – nur nicht die Eintrittsgelder für die Disney World in Orlando und die SeaWorld und alle die anderen schönen Attraktionen, wegen der jedes Jahr Millionen Touristen in die Stadt in Zentralflorida einfliegen. Die bis vor ein paar Jahrzehnten mehr oder weniger aus ein paar Gemüsebauern auf dem platten Land bestanden hatte.

Nein, das lassen sich die Veranstalter doch noch mal extra gut bezahlen. Und die Eintrittsgelder sind saftig, teils um die hundert Dollar. Auch diese Preise haben Orlando zu dem gemacht, was es heute ist. Ein international geprägtes Ballungszentrum zwischen Tampa an der Golfküste und dem NASA-Gelände Cape Canaveral am Atlantik. Verbunden durch die Interstate Nummer 4. Eine eigene Region ist hier in diesem Bundesstaat entstanden, die einfach mit dem Namen der Autobahn bezeichnet wird. Urban, weltoffen, geprägt durch viele Angestellte aus Übersee. Und all das mitten im doch eigentlich ländlichen Zentralflorida.

Wenn ich aber gegen irgendetwas genauso viel Widerstand verspürte wie gegen einen Besuch in den Everglades, dann waren das Menschenschlangen in der Disney World. Was seit Anfang der Siebzigerjahre eines der beliebtesten Urlaubs- und Ausflugsziele in den USA ist, vor allem für Kinder und Familien, für Schulklassen und Sportverbände, für interessierte Menschen aus der ganzen Welt, konnte bei mir nicht den allerkleinsten Funken Anziehungskraft entfalten.

Während meine Schwester also einen mehr oder weniger vergnügten Tag in der Disney World verbrachte, saß ich am Swimmingpool unseres Hotels. Und überlegte, ob mit mir vielleicht doch etwas nicht stimmt. Was Millionen Menschen total toll fanden, konnte doch so uninteressant nicht sein. Ich glaube, es war schon allein die schiere Zahl, deretwegen ich wieder einmal nicht dazugehören wollte. Und dann hatte ich sehr früh gelernt, wie die Vergnügungsparks bei ihrer Entstehung andere traditionelle Urlaubsgebiete in Florida zerstören halfen. Weil sie jede Menge Touristen und damit Kaufkraft abzogen. Sie waren mit ein Grund für den damaligen Niedergang meiner neuen Heimat South Beach. Also, so viel Lokalpatriotismus musste schon sein, fand ich.

Außerdem stellte ich es mir viel spannender vor, die Stadt anzugucken. Aber was heißt schon angucken. Es war ja nicht so, dass es sich um einen kleinen Spaziergang um die Ecke gehandelt hätte. Es trat Teil zwei der für Florida-Besucher und Florida-Neuankömmlinge anzuwendenden Formel in Kraft. Sie unterschätzen die Sonne. Und dann unterschätzen sie auch noch die Entfernungen. Ich weiß nicht mehr, wie oft ich diese Fehler selber begangen hatte. In den letzten Monaten zwar immer weniger. Dafür am Anfang aber am liebsten gleich in Kombination. Zum Beispiel mit dem äußerst mitteleuropäisch daherkommenden Satz: „Ach, das Wetter ist so schön, das laufe ich mal!“ Am Strand vor allem. Ganz falsch. Gern auch Entfernungen wie von der 42. Straße – wohin ich ab und an mein Mietauto brachte – zurück zur 16. Wo ich wohnte. Sonnenstich und Kreislaufkollaps inklusive.

Erstens: Das Wetter ist nicht schön. Das ist eines der verhängnisvollsten Missverständnisse über Florida. Jedenfalls, wenn man versucht, dort ein normales Leben zu führen. Die Sonne ist ein brutaler Gegner, der sich verheißungsvoll in helles Licht kleidet und gegen den man sich mit äußerster Konsequenz zur Wehr setzen muss. Sonnenspray, Kopfbedeckung und Sonnenbrille sind wirklich nur das minimale Standardprogramm. Zumindest in den Sommermonaten. Zweitens: Die sorgfältige Organisation sämtlicher Erledigungen, sofern man sie zu Fuß oder mit dem Bus absolvieren möchte, ist ein Muss! Verlassen des Hauses zwischen elf und fünfzehn Uhr – verboten. Besser noch von zehn bis sechzehn Uhr. Und nicht einfach so loslaufen. Spontaneität kann die Gesundheit ruinieren.

Leider hatte ich anfangs durch die Zeitverschiebung gerade morgens oft noch Gespräche mit Deutschland zu führen. Mit Behörden oder Redaktionen. Mit der Familie oder Freunden. Sodass ich gegen elf Uhr gerade fertig und bereit war zum ersten Strandspaziergang. Denn das Wetter war ja so schön. Ganz falsch.

Immerhin bietet wenigstens South Beach als eine von wenigen Ecken in Amerika die Möglichkeit, auf ein Auto zu verzichten. Vieles ist fußläufig, und zur Not fahren die Busse in kurzen Abständen. Natürlich hätte ich mich in den ersten Wochen niemals in einen hineingesetzt. Und das hing mit einigen schlechten Erfahrungen zusammen. Oder sagen wir so – mit Unerfahrenheit. Selbstverständlich werden auch in Miami Busse vor allem von Menschen benutzt, die selbst kein Auto besitzen. Also meist eher nicht von der Oberschicht. Sondern von Touristen und vor allem von vermutlich nicht sehr wohlhabenden, werktätigen Menschen. Und auch nicht vom typischen weißen Amerikaner.

Man steht also an einer Haltestelle, meist ohne Schutzdach. Also in der prallen Sonne. Und das kann dauern. Denn an den Haltestellen hängen, anders als in Deutschland, keine Fahrpläne. Woher zum Teufel soll ich also wissen, wann denn irgendwann mal ein Bus kommt? Und wo er hinfährt. Wenn doch kein Haltestellenplan aushängt. Wie so vieles in Amerika ist auch hier Planung und Organisation alles. (Achtung, es folgen wichtige Hinweise.) Erstens, man mache sich im Internet mit dem Streckennetz vertraut. Auf der Seite *Miamidade.gov* zum Beispiel findet man auch alle Abfahrtszeiten für alle Linien und für alle Haltestellen. Eigentlich gar nicht so schwer. Und da inzwischen die meisten Menschen Internet auf dem Handy haben, ist es sogar noch einfacher geworden. Man schaut unterwegs auf die Seite und sieht genau, ob man noch irgendwo einen Kaffee trinken kann oder ob es gleich losgeht.

Sollte es gleich losgehen, so gilt es dennoch, sich irgendwo ein wenn auch nur winziges Plätzchen Schatten zu suchen. Manchmal gibt es nur einen Laternenpfahl. Aber der hilft auch schon, die Fontanelle in Sicherheit zu bringen. Nur sollte der Mast nah genug an der Haltestelle stehen. Denn jetzt geht es zum nächsten Punkt. Die Straße und die Richtung, aus denen der Bus kommt, sind unter allen Umständen im Auge zu behalten. Denn er hält nicht von sich aus. Nicht automatisch. Sodass man in Ruhe hinschlendern könnte. Nein. Es gilt vielmehr folgende Regel. Suchen Sie sich einen kleinen Flecken Schatten, von dem aus Sie genau die Straße beobachten können. Kommt der

Bus angebraust, so gilt es, aus dem Schattenversteck hervorzuspringen – und sich mehr oder weniger direkt vor den Bus auf die Straße zu werfen. So, wie man das in Deutschland mitunter bei Taxis machen muss. Winken, Pfeifen oder Ähnliches hilft nicht. Denn Sie könnten ja einen Fahrgast meinen. Wenn Sie das Gefährt zum Stehen gebracht haben, gibt es nur noch eine letzte Hürde. Sie brauchen zwei Dollarscheine. Die schluckt der Automat direkt an der Tür unter den Augen des meist strengen und meist schlecht gelaunten Fahrers (bzw. der Fahrerin). Einen Fahrschein gibt es nicht. Es gibt die persönliche Kontrolle bzw. einen richtigen Augenzeugen. Wie im Krimi. Meist sind es in Miami Schwarze, überproportional zur Bevölkerung. Denn sie sind staatlich Angestellte, und der Staat machte als Erstes ernst mit der Gleichstellung der Afroamerikaner. Die immer noch eher den Schutz und die Sicherheit von Institutionen suchen, so heißt es.

Münzen schluckt der Automat übrigens auch. Aber versuchen Sie nicht, mit einer Zwanzig-Dollar-Note zu wedeln und den Schein gewechselt zu bekommen. Der Fahrer wechselt schon mal überhaupt nicht. Der hat ja andere Sachen zu tun. Wenn Sie Pech haben, dürfen Sie nicht mal einsteigen. Aber selbst wenn er Ihnen gnädig gestattet, das Geld kleinzumachen, werden Sie im Zweifel jeden Fahrgast persönlich ansprechen müssen. Und erst wenn schon fünf Leute den Kopf geschüttelt oder gar nicht reagiert haben, wird sich eventuell jemand erbarmen. Oder ziehen Sie sich als Frau so heiß an, dass mindestens drei Fahrgäste Sie sowieso gleich mitnehmen wollen. Geht auch.

Wenn all das beachtet und überstanden ist, wird es eigentlich ganz schön. Denn die Busse sind klimatisiert. Und das ist für alles in Florida die halbe Miete. Gut, sie sind laut und nicht sehr neu. Und außerdem schreien mindestens fünf Personen in ihr Handy. Und weitere fünf hören ohrenbetäubende Musik auf ihrem iPod. Aber der Bus bringt Sie kühl von A nach B. Sie brauchen keinen Mietwagen und keine Parkgebühren zu bezahlen. Für längere Strecken und Dauerbenutzung kann es allerdings nerven. Denn gerade im Berufsverkehr gibt es auf den Hauptverbindungen nicht nur keinen Sitzplatz, sondern auch noch garantierten Körperkontakt mit mindestens vier Umstehenden. Wieder mal ein bisschen wie im Karneval.

Von Busfahrplänen in Orlando hatte ich allerdings überhaupt noch nichts gehört. Das war ja hier nicht Miami Beach. Kundige wussten zu berichten, dass man mindestens eine Dreiviertelstunde in das Stadtzentrum einplanen sollte. Vom Hotel aus. Und nur Autobahn. Immerhin, wir befanden uns auf der International Avenue. Ein sanfter Hinweis auf die Ansammlung von Hotels außerhalb von Orlando, in die die Touristenströme gelenkt werden, deren Reiseziel eigentlich die Freizeitparks in der Nähe sind.

Ich schlenderte zur Probe mal über die Straße. Was es zu Fuß zu erreichen gab, war ein CVS. Neben einer Klimaanlage die andere halbe Miete in Amerika. CVS ist so etwas wie eine Lebensversicherung inmitten dieses weiten, großen Landes. Wahlweise geht auch Walgreens. Der andere große *drugstore*. Aber ich war CVS-Kundin. Ich hatte schließlich eine *CVS-card*, mit der man richtig gute Rabatte einstreichen konnte, sofern man dort regelmäßig einkaufte. Was ich mangels Alternative über Monate tat. Wo immer die drei großen, roten Buchstaben CVS im Land aufleuchten, kann man sich schon mal entspannen. Denn für das Lebensnotwendige ist gesorgt. Für Wasser und Sonnenschutz. Für Lebensmittel und Drogerieartikel. Für Zeitungen. Und Obst. Und das oft rund um die Uhr.

Was in Orlando mal wieder auffiel – wir waren nicht in Miami. CVS befand sich nicht in irgendeiner Klitsche. Sondern in einem riesigen, palastartigen Anwesen im floridianischen Stil. Sandsteinfarben, neu und großzügig. So wie anscheinend fast alles in diesem Bundesstaat. Sofern man sich mal aufraffte, diese chaotische Metropole da unten im Süden zu verlassen. Das hier schien ein Land für Erwachsene zu sein. Für großgewachsene Erwachsene. Alles in riesigen Proportionen. Gut gepflegt, sauber, mit vielen Urlauber-Millionen, die man hier verbaut und mit denen man die Straßen in Schuss gehalten hatte. Alles hier war ein Land für ordentliche Erwachsene. Außer in Miami, wo ich mich mehr oder weniger festgesetzt hatte. Wie schnell das doch ging, dass man, trotz aller Nachteile, nichts anderes mehr interessant oder lebbar fand. Also quasi süchtig war. Dabei musste jeder nur halbwegs vernunftbegabte Mensch die Vorzüge andernorts zu schätzen wissen.

Um die Ecke von CVS, im selben Gebäude, befand sich ein T.G.I. Friday's. *Thank good – it's Friday.* Eine typisch amerikanische Einrichtung. Eine Mischung aus Restaurant und Sportbar. Mit riesigen Fernsehbildschirmen an den Wänden und über den Tresen sowie zahllosen Bar-Tischen, Sitzecken und den typischen rot-weiß gestreiften Speisekarten. Nicht nur am Freitagabend, dem typischen Ausgeh-Abend in den USA, kann man hier das gesellschaftliche Leben studieren. Und das macht Spaß. Der Lärmpegel ist hoch, alle lieben es zu reden und zu diskutieren, *First Amendment*!

Es wird nicht geraucht, aber getrunken, und die Stimmung ist meist spitzenmäßig. Es fällt einem irgendwann gar nicht mehr so auf, aber es ist genau das, was in Europa als typisch amerikanisch gilt. Die lockere, offene, ungezwungene Atmosphäre. Sie ist nicht Zufall, sondern Programm. Und in Deutschland praktisch unauffindbar. Vor allem in Restaurants. Dass man selbstverständlich miteinander ins Gespräch kommt, der andere nicht per se als Fremder, sondern als Mitbürger angesehen wird, der garantiert eine interessante Geschichte zu erzählen hat – davon mag es Ausnahmen geben, und es ist sicher nicht in jedem Bundesstaat gleich stark ausgeprägt. Aber im Vergleich zu unserer Kultur kann man es verallgemeinern. Und muss es vermissen.

Und dann befanden wir uns ja, wie gesagt, nicht in Miami. Was sich sofort an den Preisen im T.G.I.'s ablesen ließ. Ein gesundes Steak mit einer riesigen Portion Salat und einer Beilage für sieben Dollar! Ich dachte, ich sei im Paradies angekommen. Von wegen, man konnte sich in den USA nur ungesund oder teuer ernähren. Wer muss schon Pommes mit Burger essen, wenn er zu solchen Preisen gesunde, eiweißreiche Nahrung bekommt. Schwärm.

Tatsache war allerdings auch, dass ich bei Amerika-Aufenthalten in der Regel abmagerte. Weil ich zu wenig Zeit oder zu wenig Geld hatte, mich um vernünftiges Essen zu kümmern. Wer einen Bogen um das ewig allgegenwärtige Fastfood machen will, braucht entweder Zeit, in ein nettes Lokal einzukehren. Oder das Geld, um sich in Supermärkten z. B. mit Obst und Gemüse einzudecken. Weshalb es dann oft bei ein paar Bananen und Joghurt blieb. Die waren fest verschlossen – jedes auf die eigene Art –, der Inhalt also auch an einer Tankstelle appetitlich, schnell zu bekommen und schnell zu verzehren. Weshalb ich dann doch irgendwelche Mangelerscheinungen aufzuweisen hatte. Und über die ersten Steaks bei T.G.I.'s herfiel wie ein Steinzeitmensch.

Aber was sonst gab es noch? Riesige, gut ausgebaute Highways, CVS und das Hotel um die Ecke. Nicht sonderlich spannend. Ich nahm mir ein Taxi und fuhr zur nächsten Autovermietung. Eine Entscheidung, die nie falsch ist in Amerika. Sosehr man vielleicht Geld sparen oder sich körperlich bewegen möchte – ein Auto eröffnet immer ganz andere Möglichkeiten, das Land zu entdecken. Es vereinfacht alles ungemein und außerdem gibt es – anders als für

Fußgänger – eine Klimaanlage. Sie erinnern sich, die halbe Miete in Florida.

Eine halbe Stunde dauerte es, bis ich Downtown Orlando ankam. Church Street. Der alte, berühmte Mittelpunkt der Stadt, einst mit vielen Bars und anderen Unterhaltungsetablissements mehr ausgestattet. Große Gebäude, viele Banken. Aber viel los war nicht. Im Gegenteil. Dafür, dass es sich um eine der größten Städte Floridas handelte, mit einem internationalen Flughafen und entsprechender Anbindung – eher enttäuschend. „Schauen Sie sich das an", stöhnte die Bedienung im Bistro. „Milliarden fließen in die Disney World und die anderen Parks. Das ganze Geld, die ganze Kraft wird aus der Stadt Orlando abgezogen in die künstlichen Touristenetablissements. Kein Wunder, dass hier die Läden eingehen." Da hatte noch jemand ein Problem.

Am Abend fuhren wir mit dem Boot durch die Seen, die die ganze Gegend durchziehen – hier wie fast überall in Florida. Süßwasser ist nun wirklich nicht das Problem. Während in anderen heißen, tropischen oder subtropischen Gegenden Wassermangel herrscht, gibt es hier in manchen Häusern nicht mal eine gesonderte Abrechnung dafür. Und dann endeten wir in Winter Park, einer bekannten Villensiedlung. Im „Houston". Man würde nicht auf die Idee kommen, dass das ebenfalls eine Restaurantkette ist. Es duftete nach Holzkohle, im Garten, der sich zum angrenzenden See hin neigte, standen überall brennende Fackeln, wir saßen in Korbstühlen am Ufer, tranken Rotwein und waren sicher, den allerschönsten Platz in Orlando plus hundert Meilen Umgebung endlich gefunden zu haben.

Eine weitere Touristenattraktion. Die Everglades. Sie werden an kaum einem Stand vorbeikommen, an dem nicht – neben Touren durch Miami, Trips zu den Disney-Parks oder Ausflügen nach Key West – auch Bootsfahrten durch die Everglades angeboten werden.

Nur mal zum Verständnis, und um Ihnen meine persönliche Haltung zu verdeutlichen. Meine Überschrift über ein diesbezügliches Kapitel würde lauten:

Never ever, Everglades!

Sümpfe. Ein fast ruhendes Gewässer, das sich mit 35 Meter in der Stunde fortbewegt. Oder so ähnlich. Aufgefressen werden von Moskitos, mit Ansage aus dem Reiseführer. Und was dann noch übrig bleibt, dient als Nachtisch für die Krokodile. Wer, um Himmels willen, begibt sich freiwillig in eine solche Gegend? Kürt sie gar als Urlaubsziel? Nein, ich kann es nicht verstehen. Ohne Everglades aber wäre Florida wahrscheinlich zu perfekt. Es ist dieser tröstliche Makel, der die Halbinsel vollkommen macht. Das wird der Grund dafür sein, dass es sie gibt. Man muss einfach nur wissen, dass man sich nie, wirklich niemals in diesen da halb unten im Südwesten gelegenen Bezirk begeben darf.

Das Beste, was mir zu Krokodilen einfällt, ist jene Szene aus dem James Bond-Film, in der der Hauptdarsteller ihnen zum Fraß vorgeworfen werden soll – und er sie stattdessen als lebende Brücke benutzt, um sich von seiner kleinen Todesinsel direkt ans Festland zu retten. Er springt einfach von einem Rücken auf den nächsten – und ist in Sicherheit. Noch nie haben Krokodile so blöd aus der Wäsche geguckt! Und ich habe ihnen das von Herzen gegönnt. An der Stelle kann ich sehr albern werden. Und nur aus diesem Grund sah ich den Streifen immer wieder gern. Sie wollten durchdrehen vor Wut, aber keine Chance. Der Kerl, der sie da so respektlos als Fußabtreter behandelte, war einfach nicht zu kriegen. Herrlich!

Mindestens ein solches Erlebnis müsste also drin sein, wenn man sich schon auf den gefahrvollen Weg in die Everglades begeben würde. Kollektives Krokodile-Veräppeln oder dergleichen. Ich möchte ihnen nicht wehtun. Ich möchte mir nur den kleinen Sieg gönnen, von ihrer Speisekarte getilgt zu werden. Ich weiß natürlich, dass es einen Unterschied zwischen Krokodilen und Alligatoren gibt. Aber da mich beide wahrscheinlich ebenfalls ohne jede Differenzierung als blondes, appetitliches Lunchpaket behandeln würden, gestatte ich mir diese kleine Vereinfachung. Allein der Gedanke an die unsägliche braungrüne Brühe, in der lederartige braungrüne Riesentiere ihr Unwesen treiben, schüttelt mich. Es ist ausgerechnet einer der abgründigsten Orte, die ich mir vorstellen kann, den Jack für einen Ausflug vorschlägt.

„Wie, du kannst die Everglades nicht leiden. Und du bist überhaupt noch nicht da gewesen." Jack kann nicht folgen. Für ihn bilden diese beiden Aussagen einen unauflösbaren Widerspruch. Es ist kein Sprachproblem. Ich habe die Situation schon hundertmal für ihn und weitere Freunde beschrieben. Ich versuche es anders. „Es gibt Überzeugungen, für die nicht auch noch der Abgleich mit der Realität zwingend erforderlich ist", argumentiere ich verzweifelt. „Um Mord grundsätzlich abzulehnen, muss ich nicht Augenzeuge gewesen sein. Oder einen Mörder persönlich kennen." Wenn ich mir wegen irgendetwas vollkommen sicher bin, dann ist das meine abgrundtiefe Abneigung gegen einen Besuch in den Everglades. Und das ja wohl mit Grund. Es schüttelt mich. Es ist unaussprechlich und tief empfunden. Jack schüttelt seinerseits den Kopf. Bisher hatte er noch keinen Grund, an meinem Verstand zu zweifeln.

Jack fühlt sich in seiner floridianischen Ehre gepackt. Und ich mich bei einem auf ihn anscheinend sehr dumm wirkenden Vorurteil. Was immer geht, ist natürlich ein Tagesausflug mit dem Cabrio. Bin ich mal versöhnlich. Und wenn sich jemand wirklich Mühe gibt, mich zu überzeugen. „Ich habe da noch keinen einzigen Moskito gesehen. Und auch sonst ist es ganz ungefährlich." Wegen der Krokodile und so. Mit der Kombination bekam er mich herum. Ich muss offenbar in Florida einer gründlichen Metamorphose unterworfen worden sein, dass sogar in Stein gemeißelte Prinzipien umgeworfen werden können.

Durchquert habe ich die Everglades schon unzählige Male. Auf dem Weg von Miami zur Golfküste. Und zurück. Es gibt zwei Varianten. Einmal die Alligator Alley, die man allein schon wegen dieses treffenden Namens erwähnen muss. Sie ist gerade mal zehn Jahre alt. Die Verlängerung der I-75, die, aus dem mittleren Westen der USA kommend, schließlich in Südflorida, irgendwo hinter Fort Myers, eine scharfe Linkskurve beschreibt und dann quer über die Halbinsel rüber nach Miami führt. Eine zivilisatorische Revolution, seinerzeit. Heutzutage zwischen Miami und Naples die geschäftsmäßige Durchquerung Floridas für Erwachsene. Man kann auf einer gewohnt gut ausgebauten Autobahn quer durch die Everglades preschen – und was würde jemand lieber tun, der sie nicht ausstehen kann – und wird von den landschaftlichen Besonderheiten ringsum nicht besonders behelligt. Keine Alligatoren, kein Gewässer, keine Moskitos. Und weit und breit keine Tankstelle. Auf den Benzinstand sollte man also vorher achten. Die Umweltschützer haben auch dafür gesorgt, dass unterhalb der Alligator Alley die Alligatoren und welche Tiere sonst auch immer möchten, hindurchmarschieren können. Genau genommen ist es also nicht eine Straße für Alligatoren. Sondern eine mit unterirdischen Durchgängen für sie.

Bevor die Alley gebaut wurde, blieb nur ein Weg. Die schmale 41, die Verlängerung der Calle Ocho, die von Miami aus quer duch Little Havanna Richtung Westen führt. Lange Zeit die einzige Verbindung zwischen beiden Küsten. Sie ist teilweise nur zweispurig, öfter mal wird gebaut und das Ganze zu einem Geduldsspiel. Dafür ist man dichter dran. Kann hier und da aussteigen, hier eine Bootstour buchen, dort eine Alligator-Farm besuchen, Souvenirs kaufen, und all das, was Touristen eben so machen, wenn sie in den Süden Floridas reisen. Und was natürlich alle tun, die die landschaftlichen Besonderheiten der Everglades zu schätzen wissen.

Davon abgesehen sind die Everglades DER Süßwasserversorger der südlichen Counties in Florida. Mami-Dade, Broward, Monroe, Palm Beach. Die Einwohner haben also Grund genug, sich um sie zu sorgen. Auch hier, wie vielerorts in der Welt, ist man dem Naturschutzgebiet zu Leibe gerückt, mit immer neuen Bauprojekten. Sie scheinen bedroht, das Wasserreservoir in Gefahr. Aber Ingenieure der Everglades Foundation geben sich immer noch im Grundsatz optimistisch. Sie setzen auf die enorme Regenerationsfähigkeit dieses uralten Feuchtspeichers.

Selbstverständlich nehmen wir die 41. Wenn es so wichtig ist, bin ich natürlich im Interesse höherer Überzeugungen bereit, mich umstimmen zu lassen. Das ist wichtiger als alle Vorurteile. Ich glaube, zu dieser Aussage bin ich heute bereit. Was mir auch sofort einleuchtet: eine Bootstour. Auf der man – versprochen: von Weitem – Alligatoren betrachten kann. Allerdings weiß ich in diesem Moment nicht genau, wie viele Attraktionen ich schon als Tourist besucht habe, bei denen man amtlicherseits vorher Ohrstöpsel ausgehändigt bekommt. Wohlgemerkt – wir befanden uns nicht in Cape Canaveral. Es ging um keinen Raketenstart. Wir stiegen nur in ein Boot. Um die Everglades zu befahren und uns gleichzeitig Alligatoren anzuschauen. Es ging nicht darum, uns vor dem Krach irgendwelcher wilden Tiere zu schützen. Die Allis sind alles Mögliche, aber sie sind dazu auch noch verdammt still. Und lieben ihre Ruhe.

Kein Wunder, dass erst mal kein einziger zu sehen war. Wie schrecklich: Sie glaubten jeden Tag aufs Neue, der 11. September sei wiedergekehrt. Jeden Tag aufs Neue. Zu regelmäßigen Uhrzeiten, über den ganzen Tag verteilt. Und nicht nur morgens, kurz vor neun. Entsetzlich. Bei den Höllenmaschinen, in denen wir mit unseren Ohrstöpseln saßen und uns ihnen näherten, handelte es sich ihrer Meinung nach eindeutig um entführte Kampfjets oder Düsenjäger beim Angriffsflug auf ihr Reich. Jeden Tag aufs Neue. So laut, dass jeder Kreatur Gottes die Ohren abfallen mussten. Es sei denn, es befanden sich Gummistöpsel darin. In Wahrheit waren es PROPELLERBOOTE. Die jeden Tag Hunderte von Touristen durch die Everglades chauffierten. Aber das konnten die Tiere ja nicht ahnen. Man hatte ganz offensichtlich vergessen, ihnen zu erklären, worin der Unterschied bestand. Zwischen Terroristen und Touristen. Und zum ersten Mal in meinem Leben empfand ich Mitgefühl für sie.

Weshalb denn nun ausgerechnet Propellerboote?! Aber klar, sie sind nicht nur laut, sondern auch schnell und wendig. Zwischendurch werden die Motoren abgestellt, die Boote gleiten dahin. Und dann sieht man sie. Die Allis. Wenn sie nicht vom Lärm aufgeschreckt werden, liegen sie da und braten in der Sonne. Auf den kleinen Inseln, die überall verteilt in dem halb stehenden, halb fließenden Gewässer ruhen.

Überall in Florida findet man diese Wasserarme, in denen Alligatoren leben. Selbst in Cape Canaveral. Wo ich zum ersten Mal einen Alligator sah.

Ich beugte mich über einen Brücke zwischen einem stillgelegten Space-Shuttle und dem dazu gehörenden Museum – und war inmitten all der spacigen Umgebung plötzlich von der Ewigkeit eingeholt. Es kann sehr heilsam sein, ein solches Urvieh aus nächster Nähe zu sehen. Und zwar nicht im Zoo. Sondern da, wo sie wirklich leben. Die Assoziation ist keineswegs „Handtasche". Sondern: Ehrfurcht. Und Respekt. Sie wirken so alt, so altertümlich, so völlig aus der Zeit gefallen. Und sind ihren Urahnen, den Dinosauriern, noch immer so verdammt ähnlich. Es ist die Wildheit dieser Natur, die einen auf Schritt und Tritt einholt. Und sofort wieder erdet. Selbst auf dem Gelände der NASA.

Zurück in Miami konfrontierte mich Florida dann noch mit einer weiteren Attraktion. Am Freitagnachmittag war es nicht mehr möglich, über einen der Dämme hinüber nach Miami Beach zu gelangen. Die Autos stauten sich Stoßstange an Stoßstange. Aus den geöffneten Dächern reckten sich Köpfe, Arme und Beine, die Musik aus den Anlagen toste und selbst die Busse steckten fest. Man konnte sich ungefähr vorstellen, wie es jetzt am Strand aussah.

Den man um diese Zeit im März besser meiden sollte. Es sei denn, man ist im Collage-Alter, trinkfest und hat Lust auf *wet t-shirt contests.* Oder auch solche ohne T-Shirt. Ganz recht, Südflorida ist eines der Hauptziele für Studenten während der berühmten *spring break,* der Frühlingsferien, bei denen insbesondere in Orten wie Miami Beach, Fort Lauderdale und einigen anderen die Sau und manches mehr herausgelassen wird. Auch wieder ein Horror für die Anwohner. Die Polizei gibt sich von Jahr zu Jahr cooler und die Alkoholkontrollen am Strand werden schärfer. Finden sie was, wird das Zeug ausgekippt. Aber immerhin, es ist eine solche Attraktion, dass man ungern den Geldverlust riskieren möchte, den noch strengere Regeln womöglich nach sich ziehen könnten. Mexiko ist als Ausweichziel sowieso längst in Mode. Ich dankte Gott, dass ich inzwischen in Miami und nicht mehr am Strand lebte.

Die Dankbarkeit währte allerdings nur ein paar Tage. Bis zum alljährlichen Ultra Music Festival. Vorwiegend elektronische Musik, Hip-Hop, ein Riesenereignis. Eines der größten *dance festivals* der Welt. Um die 150 000 Besucher. Genau zwei Blocks von mir entfernt. Die Erde bebte Tag und Nacht bis hinauf in den 42. Stock. „Wann wird Downtown evakuiert?“, fragte ich meine Freunde. Aber auch die waren ratlos. Schlechte Zeit, um in der Stadt zu sein, schrieb ich einer Freundin, die mich besuchen wollte.

Dann öffnete ich doch noch mal die Balkontür. Sah die Lichter von Miami, Biscayne Bay, lauschte – und hängte ein P. S. daran: „Kann gerade ein Live-Konzert von Duran Duran erleben. Quasi erste Reihe."

„Wie geil ist DAS denn!!", antwortete sie völlig aus dem Häuschen. Es war doch irgendwie nicht alles schlecht.

April

Key Biscayne – Winterresidenz der US-Präsidenten. War da nicht mal was? In meinem Stammhirn ist das jedenfalls fest verankert. DER US-Präsidenten. Der US-Präsident ist demnach für mich noch immer Richard Nixon. So wie für ein Kind zunächst mal alle Flüsse pauschal Rhein oder Spree heißen, und alle Berge Alpen oder Fichtelgebirge.

Es stellt sich nämlich schnell heraus, dass der Landsitz der Familie Bush, die ich im Verdacht hatte, Kennebunkport im Bundesstaat Maine ist. Auch ein klangvoller Name mit K. Ebenfalls am Atlantik. Aber hoch oben im Norden. Außerdem fuhren die Bushs gern nach Islamorada zum Angeln. Obwohl kein Key im Namen vorkommt, gehört die Insel zu jener lang gezogenen Gruppe, die sich bis nach Key West hinzieht. Der offizielle Sommersitz des Weißen Hauses befindet sich dagegen in Maryland, hundert Kilometer von der Hauptstadt entfernt, und wurde als „Camp David" berühmt.

Aber was ist mit Key Biscayne? Rückblende. Dezember 1971. Bilder in einem Familienalbum, es ist kurz vor Sylvester, und ein Foto zeigt meine Mutter mit dem Album auf dem Schoß und einem in die Ferne gerichteten, sinnierenden Blick. „Werden sie kommen, werden sie nicht kommen ...?" steht darunter. Eine Bildunterschrift, die mein Vater gewählt hat. Die Frage richtet sich an die Weltpolitik, auf der zu diesem Zeitpunkt alle Hoffnungen ruhen. Werden die Freunde in Westberlin Passierscheine bekommen, um zu uns in den anderen Teil der Stadt zu gelangen? Willy Brandt war Bundeskanzler, Hoffnungsträger. Gerade hatte er den Friedensnobelpreis erhalten.

Er führte Gespräche mit den Alliierten, den Siegermächten des Zweiten Weltkriegs. Jedenfalls stellte ich mir das so vor. Und es war im Grunde auch nicht ganz falsch. Am 28. und 29. Dezember 1971, kurz vor Sylvester und wenige Tage vor meinem sechsten Geburtstag, führte Brandt Gespräche mit Richard Nixon. Es ging um Fragen der Sicherheit. Ein Foto zeigt die beiden bei einer Pressekonferenz unter strahlender Sonne. Im Hintergrund der Atlantik. Key Biscayne. Offenbar das einzige Treffen der Weltpolitik mit deutschem Bezug, das von dort überliefert ist. Und offenbar das erste Mal, dass etwas vom Landsitz eines US-Präsidenten an mein Ohr drang. Und sich dort festgesetzt hat.

Key Biscayne, man spricht das beinahe in einem Wort. Was darüber hinwegtäuscht, dass es ja nur ein Key von zahllosen in dieser Gegend ist.

Eine von zahllosen kleinen Inseln – die sich erstrecken bis hin nach Key West, dem südlichsten Punkt der Vereinigten Staaten. Der Name kommt von dem spanischen Wort cayo = kleine Sandinsel. Key Biscayne ist also eigentlich auch nur eine Insel, verbunden mit Miami durch den Rickenbacker Causeway. Und allein ihn zu befahren in strahlender Sonne, sobald man die Toll Plaza – also den Gebührenzahlpunkt – hinter sich gelassen hat, ist diesen Ausflug wert. Key Biscayne ist hochpreisiges Pflaster. Wohngegend für die eher Betuchten. Aber auch ganz schön ab vom Schuss, wenn man abends in Miami noch mal raus auf einen Drink gehen möchte. Es sei denn, man geht zum Beispiel in den Rusty Pelican. Der sich allerdings – streng genommen – noch auf Virginia Key befindet. Also einem kleinen eigenen Extra-Key, den man auf dem kurzen Weg nach Key Biscayne passiert. Der Blick ist gigantisch. Für Fans der Miami Skyline – wie mich – ein absolutes Muss. Das Panorama – unvergleichlich. Ich verstehe nicht, weshalb nicht alle Filme aus Miami dort, vor dieser Kulisse gedreht werden. Als die Eigentümer das Grundstück vor Jahrzehnten erwarben, war gegenüber praktisch – nichts. All die beleuchteten Wolkenkratzer, die für diesen einmaligen Großstadtblick sorgen, entstanden mehr oder weniger in den vergangenen zehn, zwanzig Jahren. Glück gehabt. Wer auch immer noch in der Zeit davor Investitionen in Miami getätigt hat, in einer Zeit, als Drogen und Verbrechen die Geschichten aus der Stadt dominierten, kann sich heute ins Fäustchen lachen. Es sind Goldgruben geworden.

Das ehemalige Haus von Richard Nixon, der hier gern in der Nähe seiner Freunde mit angeblich oder tatsächlich engen Kontakten zur Mafia lebte, ist schon vor etlichen Jahren verkauft und vor einigen Jahren abgerissen worden. Dort entsteht eine neue luxuriöse Villa im floridianischen Stil – so ist anzunehmen. Denn in diesem Frühjahr kann man maximal durch den Bauzaun linsen und versuchen, etwas von dem Anwesen zu erspähen. Man sieht im Hintergrund das Meer. Das wohl schon. Ansonsten ist es eine winzig kleine unspektakuläre Seitenstraße, und niemand würde hier vermutlich den Wintersitz eines Präsidenten vermuten – sofern man das nicht vorher noch mal nachgelesen hätte.

Außer für eine nicht mehr vorhandene Präsidentenresidenz, die niemand kennt, ist Key Biscayne auch noch für die offenen Tennismeisterschaften berühmt. Nach den Hauptsponsoren heißen sie Sony Ericsson Open. Jack und ich hatten Karten geschenkt bekommen und sahen das Duell zwischen Weltrangliste zwei und Weltrangliste acht bei den Damen. Ich gebe zu, es war meine allererste Tennismeisterschaft, die ich tatsächlich live auf dem Platz erlebte. Und für diese Premiere war Key Biscayne schon ein würdiger Ort.

Außerdem war es ein bisschen wie High-End-Kino. Wir tranken absurd überteuertes Bier und knabberten überteuerte Snacks und wurden, abgesehen davon, auch noch akustisch gut unterhalten. Weltrangliste zwei, Victoria Azarenka, hatte es sich zur Gewohnheit gemacht, jedem, wirklich jedem einzelnen Ball, vielleicht bis auf zwei Ausnahmen, während des ganzen Spiels eine Lautfolge hinterherzuschicken, die wir uns zunächst gar nicht erklären konnten. Sie fing weit oben an und endete mindestens anderthalb Oktaven tiefer. Man wusste nicht, ob das jetzt Gesangsübungen waren. Ob sie einfach ihre Stimme ein bisschen ölen wollte. Oder ob sie gezielt ihre Gegnerin verwirrte. Denn die Töne brachen aus ihr nicht nur beim Aufschlag hervor. Sie schickte sie quasi jedem Ball hinterher bis ins gegnerische Feld.

Jack rutschte immer tiefer in seinen Stuhl. Das Ganze konnte man, je nach Assoziation, auch als eine Art überlaute Lustgeräusche interpretieren. Die quasi den ganzen Abend ohne Unterlass vor Tausenden Zuschauern ertönten. Ich erzählte, was mir dazu spontan einfiel. Aus meiner Ehe mit einem angehenden Opernsänger wusste ich, dass ein Teil der Ausbildung darin bestand, der Stimme so viel Tragfähigkeit zu verleihen, dass sie von der Opernbühne aus über den Orchestergraben hinweg bis in die hintersten Sitzreihen dringen konnte. Ein Bild, das den Studenten dabei helfen sollte, so meinte ich, mich zu erinnern, war ein Ball, den sie in ihrer Phantasie über die Zuschauerköpfe hinweg werfen und dem sie, mit Hilfe ihrer Imagination, die Stimme quasi hinterherschicken sollten.

Genauso machte es Azarenka. Obwohl die Hauptsache bei ihr der Ball und nicht die Stimme war. Sie schlug ihn über das Netz und hängte jedes Mal wie einen akustischen Schweif ihre Stimme hintendran. Man wusste nicht, ob sich die Gegnerin jeweils mehr vor dem Ball oder der Stimme fürchtete und ob es sie nicht kolossal ablenkte. Vor allem konnte sie die Stimme, anders als den Ball, nicht einfach zurückschlagen. Die blieb im gegnerischen Feld hängen. Rein psychologisch wahrscheinlich nicht ganz einfach. Schlussendlich siegte Azarenka mit der Strategie Ball plus Stimme. Und zwar nicht nur an diesem Abend. Sie gewann am Ende die ganze Meisterschaft. Jack und ich gaben ihr den Namen „Opern-Tennis".

Die eigentlichen Keys, wegen derer die Menschen extra von weither in den Süden Floridas reisen, beginnen erst etwas weiter unten. Nach anderthalb langweiligen Stunden Fahrt von Miami kommt man endlich ans Wasser. An die atemberaubende Schnittstelle zwischen Atlantik (links) und Golf von Mexiko (rechts). Blaugrün, so weit das Auge reicht.

Heben Sie sich den Ausflug nicht auf bis zum Schluss. Fahren Sie gleich hin, am Beginn Ihrer Reise, und überlegen Sie dann, ob es noch irgendeinen anderen Ort auf der Welt gibt, oder wenigstens in Florida, an dem Sie sonst noch sein möchten. Voraussichtlich hat sich die Aufregung nach drei Tagen gelegt. Und selbst wenn es für Sie das Schönste ist, das Sie jemals gesehen haben – Key West ist kein abgelegenes, einsames Paradies, sondern wiederum eine Partymeile, wenn auch eine etwas altmodische. Unter ständigem Touristenandrang. Irgendwann ist es einfach gut. Von Miami aus sollten Sie mindestens vier Stunden Fahrt einplanen. Für eine Strecke. Die Straße ist oft nur zweispurig, und man kommt nicht schnell voran. Und richten Sie sich darauf ein, dass es eine andere Welt ist, die Sie empfängt. Es geht gewissermaßen von Lateinamerika in die Karibik. Eine Insel mitten im Meer. Hier Atlantik, dort Golf von Mexiko. Und wenn es noch eine Steigerung gibt zu Miami, was die Wärme und die Feuchte der Luft angeht, den Geruch dessen, was Sie in Ihre Lungen einatmen – dann ist es ganz gewiss dieser Ort. Er ist die einzige Steigerung, die noch möglich ist, wenn man schon in Miami oder Miami Beach lebt. Und allein das macht Key West – schon von dort aus betrachtet – zu einem idealen Urlaubs- und Ausflugsziel. Mehr geht nicht. Auf dem Festland der Vereinigten Staaten.

Denn dazu zählt sich Key West, dank der Brücken bzw. Dämme, mit denen die Insel und das *mainland* verbunden sind. Key West war Ende des 19. Jahrhunderts die größte Stadt Floridas, und das hatte im Wesentlichen mit dem Militärstützpunkt zu tun, der eine nicht ganz unwichtige Rolle spielte im Krieg gegen Spanien. Auf den Fotos in den historischen Häusern, die man als Museum besuchen kann, finden sich Einrichtungsgegenstände und Fotos der damaligen Einwohner. Und man muss sagen, sie sahen nicht sehr glücklich aus. Das hat wahrscheinlich mit der Abwesenheit von Klimaanlagen zu tun, deren Erfindung den Erfolg und Aufstieg Floridas erst möglich gemacht hat. Dazu Morast und Sümpfe, Moskitos und Alligatoren. „A man, Sir, would not immigrate into Florida – no, not from hell itself!" So wird ein Kongressabgeordneter zitiert von Anfang des 19. Jahrhunderts. Nein, Florida hatte damals nicht den besten Ruf. Den ersten entscheidenden Schritt hin zur Zivilisation haben wir dem Unternehmer Henry Flagler zu verdanken, der Ende des 19. Jahrhunderts die Eisenbahn bis hinunter nach Florida erbaute. Und nicht nur das, sondern später 1912 sogar noch weiter hinunter bis nach Key West. Das Jahr 1935 bedeutete allerdings schon das Ende für die Eisenbahnverbindung von Miami bis zum südlichsten Key. Ein Wirbelsturm legte die Strecke, meist über Brücken geführt und unter widrigsten Umständen erbaut, auf einer Länge von 65 Kilometern in Trümmer. Der Wiederaufbau galt als zu kostspielig. Auf den verbliebenen Brückenteilen wurde später der Overseas Highway gebaut, die Straßenverbindung nach Key West (als Teil der US1). Die inzwischen auch auf moderneren Pfeilern steht. Die Seven Mile Bridge gehört zu den längsten Brücken, und spätestens dann ist das *Key feeling* erreicht. Teilweise kann man die alten Brückenpfeiler noch im Wasser stehen sehen. Sie waren Schauplätze für dramatische Filmszenen, unter anderem für James Bond.

Die Fahrt dorthin allein ist atemberaubend. Für viele gilt Key West aber auch als verheißungsvoller Ort des liberalen Alkoholverzehrs und insofern als Inbegriff der Freiheit. Mit anderen Worten: Flaschenbier in der Hand umherzutragen wird akzeptiert. Im Rest der USA gilt das als anstößig. Hier ist es einer der Reisegründe. Die Insel hat eine große Tradition als Umschlagplatz für Alkohol, und das hat zum einen mit der Lage im Meer und der Nähe zu den karibischen Inseln zu tun, wo die Alkoholherstellung legal war, wie zum anderen vor allem mit der Prohibition, die dem *rumsmuggeling* natürlich erst Tür und Tor geöffnet hat. Mit einem Wort, das urige Partymachen, das eher an Zeiten der Seefahrer erinnert, gehört zur Grundkultur auf Key West. Und das fand auch schon der alte Trinker Hemingway gut, der dort einen großen Teil der Dreißigerjahre verbrachte. Seine Stammkneipe war das Sloppy Joe's, damals noch an anderer Stelle untergebracht. Auf jeden Fall soll der Name auf Hemingway zurückgehen. Weil der Fußboden immer so nass und rutschig war. Sloppy Joe's ist heute eine Riesenkaschemme mit Live-Musik, in der die Stimmung stets gut bleibt und man sich daher zum Trinken und Feiern zusammensetzt. Bevor es dann im Zweifel weitergeht ins nächste Etablissement. So kann man hier den ganzen Abend verbringen. Wer mehr über Hemingway auf Key West erfahren möchte, sollte seinem ehemaligen Wohnhaus einen Besuch abstatten. Es reicht fürs eigentliche Hemingway-Feeling aber auch schon, sich in einem kleineren Hotels einzumieten.

Mit Schaukelstuhl auf der Veranda und natürlich Ventilator an der Decke. Das ist erst mal schon genug, um sich komplett als Hemingway zu fühlen. Die meisten kommen allerdings wegen des Sonnenuntergangs über dem Meer. Der jeden Abend von unzähligen Live-Künstlern mit Unterhaltungsprogramm zelebriert wird. Während der geneigte Gast den einen oder anderen Drink zu sich nimmt. Am besten einen Margherita und dazu wenigstens vom Band Musik von Jimmy Buffet.

Hippies, Aussteiger, Künstler, Schwule. Das ganze Programm. Und wenn Miami angeblich schon nicht mehr zu den Vereinigten Staaten von Amerika gehört – dann Key West erst recht nicht. Nur dass man sich darauf hier WIRKLICH etwas einbildet. 1982 hat sich Key West für unabhängig erklärt. Von den Vereinigten Staaten. Und die „Conch Republic" ausgerufen. Die Muschel-Republik. „Das hat uns noch keiner nachgemacht!" Die *Conch Republic* ist unendlich stolz darauf, in jedem zweiten Laden hängt das Muschel-Emblem. Und nicht nur das. Sie haben den Vereinigten Staaten sogar den Krieg erklärt. Gleich darauf aber auch schnell wieder einen Waffenstillstand. Haben die USA noch mal Glück gehabt. Man wird ja schließlich nicht jeden Tag von einer kleinen Insel angegriffen. Die US-Behörden hatten damals dem Drogenschmuggel über die Keys mit drastischen Maßnahmen Einhalt gebieten wollen. Die Bewohner von Key West fühlten sich zu Unrecht in Mithaftung genommen. Die Gegenwehr ist zum Mythos geworden und trägt einiges zum Selbstbewusstsein auf der Insel bei.

Auf Key West befindet sich auch noch das Truman White House. Dort verbrachte jener Präsident den einen oder andern Urlaub – und gleichzeitig war es Schauplatz für die eine oder andere weltpolitisch bedeutsame Konferenz unter Präsidenten wie Clinton. Heute gibt es ein Museum, drum herum werden auf dem Gelände Wohnungen vermietet. Man sollte sich auf viele krähende Hähne einstellen – und, anstatt dauernd den Touristen-Trolley zu nutzen, am besten auch einmal ein Fahrrad zur Erkundung mieten. Das bringt einen schnell zum am meisten fotografierten Punkt der Insel. Dem *Southernmost point of the continental US* – eine riesige Boje mit der Aufschrift: 95 Meilen bis nach Kuba. Das gilt hier wirklich als Sensation. Wenn Sie sich nicht an der Schlange anstellen möchten – fotografieren Sie einfach die Schlange selbst. Die darauf wartet, von der berühmtesten Boje Floridas ein Bild zu schießen. Jeder Reiseführer weist zudem noch darauf hin, bitte nicht die anderen Keys zu vernachlässigen. Die man unterwegs nach Key West durchfährt und von denen viele ebenfalls einen ganz eigenen Reiz besitzen. Mit kleinen Hotels oder Pensionen, in denen man wirklich einsame Sonnenuntergänge genießen und dazu frische Meeresfrüchte verspeisen kann. Sie können auf Islamorada angeln gehen, wie die Bushs. Oder auf Key Largo ihren Kindertraum von Flipper verwirklichen und mit Delphinen schwimmen. Aber wenn es Ihnen geht wie mir, dann wollen Sie erst mal bis ans Ende. Bis dorthin, wo nichts mehr kommt. Außer dem Meer. Und nach 95 Meilen Kuba natürlich.

Zurück in Miami hat es schon etwas sehr Beruhigendes, auf die Wetterkarte zu schauen. Durchgehend Temperaturen von 26, 27 Grad. Nachts knapp unter 20. Die Sonne scheint. Es nimmt eine Menge Druck weg, wenn das schöne Wetter kein kurzer Höhepunkt ist. Den es auf jeden Fall zu genießen gilt. Sondern Dauerzustand. Normalzustand. Jeder Tag, egal, was kommt, welche Aufgaben und Ansprüche, Siege und Niederlagen auch warten – jeder Tag wird ein wettermäßig schöner Tag. Es ist wie ein Bühnenbild, das immer gleich bleibt. Auf dem sich jeden Tag ein neues Spiel entfaltet. Und es ist warm. Man muss nicht allzu viel am Körper tragen und kann die Sonne an die Haut lassen. Alles ist von vornherein easy und entspannt. Wer soll sich ständig aufregen, wenn das Wetter dauernd dermaßen schön ist?

Es ist schwierig, einen solchen Platz zu verlassen. Der nach wie vor schöne Blick Richtung Süden auf die Hochhäuser, die im gleißenden Sonnenlicht stehen, der klare blaue Himmel, die Palmen davor und das Grün. Aber es wird nichts passieren. An jedem neuen Tag wird es wieder warm sein. Und schön und sonnig.

Nach dem Jahr

Als ich im Juli nach Hause zurückkehrte, starb die Sängerin Amy Winehouse. Meine Schwester in der Seele, die ihren Fans die Selbstzerstörung abgenommen hatte. Ihre Musik lieferte den Soundtrack für unzählige Autofahrten in Amerika. Weshalb sie, obwohl Britin, für mich immer in die USA gehören wird. Ich brauchte in Deutschland nur die CD einzuschieben und schon lief der Film ab im Kopf. Tausende Meilen entfernt.

Nur das vergangene Jahr hatte sie – während ich in Florida war – an vertrautem Ort verbracht. Zu Hause. Im CD-Spieler, sorgfältig in Folie eingewickelt und in einer Kiste verpackt. Im Keller meiner Kölner Wohnung, in dem meine Möbel eingelagert waren. Beim Ausräumen hatten wir sie dort einfach vergessen. Der Gedanke daran ließ mir zwischendurch immer mal fast das Herz brechen. Wo war Amy? Später, beim Besuch einer Elektronikmarktkette in Deutschland, die inzwischen, nach ihrem Tod, nun auch die wieder aufgefundenen Überreste der künstlerischen Arbeit von Amy Winehouse vermarktete, stellte ich fest, dass es bestimmt ganz einfach gewesen wäre, die gleiche CD noch einmal zu kaufen. Bestimmt auch irgendwo in den USA.

Aber so viel „Deutschsein" wollte ich mir unbewusst fern der Heimat offenbar gern erhalten. Anstatt das Problem zu lösen, wie die Amerikaner es getan hätten – betrauerte ich es erst einmal. Genau so, wie ich nach meiner Rückkehr zwei Monate lang ständig unter Entzugserscheinungen litt, weil ich den einzigen in Deutschland empfangbaren amerikanischen Fernsehsender nicht sehen konnte. Bis ein weiterer Spaziergang in dieselbe Elektronikkette binnen Minuten sowohl die Ursache als auch die Lösung des Problems zutage förderte. Es bedurfte eines neuen Satelliten-Receivers für 39,50 Euro.

Ein Jahr also, in dem ich zahllose ähnlich gelagerter Alltagsprobleme bestens bewältigt hatte, konnte demnach so schnell nichts an meiner inneren Grundhaltung ändern. Ich hatte zunächst einfach mal wieder die Farbe meiner Umgebung angenommen hatte. Natürlich, bei Amys CD hatte es auch damit zu tun, dass ich nicht ein ziemlich unbekanntes Stück der Welt mit dem immer gleichen Soundtrack und dem immer gleichen Film im Kopf sehen wollte. Und andere Musik inzwischen interessant geworden war. Aber beide Beispiele zeigen vielleicht, was deutsch an mir ist. Obwohl meine amerikanischen Freunde beim Abschied darauf bestanden hatten, ich würde viel besser in die Vereinigten Staaten passen. Besser als manch einer, der bereits seit Generationen dort lebt. In diesem Auswanderer- und Einwandererland.

„Und, ist deine neue Wohnung so ein bisschen wie Miami?", fragte meine Schwester gänzlich harmlos. Ich war einen Moment lang sprachlos. Zielgerichtet war sie mit einem einzigen Satz ins Herz der Dinge vorgestoßen. So hatte ich darüber überhaupt noch nicht nachgedacht. Es war eine kleine Terrassenwohnung am Rhein geworden. Nach Besichtigung von schätzungsweise 35 Behausungen in Köln und Umgebung. Unterirdisch oder unbezahlbar. Das alte Lied. Und dann war es genau diese, in der die untere Hälfte meines Körpers, ohne den Kopf überhaupt zu fragen, das Signal gab, auf der Stelle in Verhandlungen mit dem Vermieter einzutreten. Ohne mich auch nur um Erlaubnis zu bitten. Es gibt Dinge, die bedürfen keiner weiteren Diskussion. Es war wie mit der Liebe oder wie mit Amerika. Auch die Wohnungsfrage entschied sich offenbar irgendwo weitab unten in den Eingeweiden.

„Also, wenn es irgendwo in Köln überhaupt etwas gibt, das vielleicht annähernd ein bisschen was hat von Miami ...", begann ich, mich vorsichtig vorwärts zu tasten – dann ist es definitiv meine Wohnung! Vollendete ich den Satz im Stillen. Denn so ganz traute ich dem Wahrheitsgehalt dieser Aussage nicht. Meine Traumwohnung befand sich im 44. Stock des Opera Towers. Sie war nur halb so groß. Eigentlich mehr ein Vogelnest in den Wolken. Das Entscheidende war das Panorama. Der Blick auf die Stadt, auf den Hafen, auf Biscayne Bay. Und auf das Meer am Horizont. Mit dem der gute alte Vater Rhein nicht ganz mithalten konnte. Aber sonst? Das Licht und die Sonne. Die Fenster von der Decke bis zum Boden. Das Wasser in der Nähe. Die vielen Leute, die am frühen Morgen mit Sonnenbrille und iPod-Stöpseln in den Ohren am Ufer entlang joggten. Die Schwüle und die Schiffe, die unablässig vorbeizogen. Die wiedergefundene Amy-Winehouse-CD in meiner alten Anlage. Sommer, Sonne und Licht, allein in der Musik. Es gab da schon – nun ja, gewisse Umstände, die einem bekannt vorkommen konnten.

Manchmal sogar ein ganz klein wenig die Stimmung der Leute. Viele sind hier heruntergezogen, in die neuen Häuser, die so gar nichts mehr mit den alten Fischerdörfchen zu tun haben, die diese Stadtteile einst gewesen sind. Sie leben hier, weil sie den Freizeit- und Erholungswert zu schätzen wissen. Vielleicht ist das Wetter gerade schlecht. Aber übermorgen steht bestimmt wieder die Sonne über dem Südufer des Rheins. Das Wasser glitzert, die Ruderboote ziehen vorbei, die Frachtkähne, die riesigen Ausflugsschiffe mit ihrer überlauten Musik an Bord. Die Motorboote und die Jetskis. Und das Licht spendet Energie im Übermaß. Ein ganz klein wenig wie über Biscayne Bay. Oder wenigstens wie am Potomac. Weshalb sollte also irgendjemand schlecht gelaunt sein?

Die Essenz eines Ortes hat man in sich selbst. Davon war ich schon immer überzeugt. Man muss Schönheit ohnehin transformieren. Man kann sie meistens weder essen noch sich sonst einverleiben. Man kann nicht einen ganzen Ozean austrinken, nur weil er schön türkisfarben aussieht. Wie einen gigantischen „Blue Curaçao". Was macht man also mit ihm? Man schaut ihn stundenlang an. Und wird ganz rammdösig dabei. Forscher haben herausgefunden, dass ausgiebiges Schauen auf das Meer nur für eine kurze Zeitspanne der Gesundheit zuträglich ist. Längeres Starren auf endlose Wasserflächen führt früher oder später in die Depression. Und sonst? Noch Vorschläge? Eben. Schauen oder schwimmen. Meinetwegen auch noch tauchen. Alles andere muss innen drin passieren. Zum Beispiel dann, wenn sich ein nachhaltiges Erholungsgefühl einstellt. Um etwas für alle sehr Geläufiges aus dem Urlaub zu beschreiben. Allerdings – allein aus der Einbildung heraus wird es eben nichts mit der Erholung. Es reicht nicht, auf Dauer nur von der Sonne und dem Meer zu träumen. Der Ort, an dem wir uns befinden, ist – andererseits – eben doch nicht ohne Belang.

Ganz abgesehen von den Miami-Faktoren – es passte einfach. Die Vermieter waren nett, ich brauchte keine Provision zu zahlen, und es roch gut im Haus. Neu, ordentlich, eine Wohnung für Erwachsene. Sie war nicht nur fast ebenso schön wie meine alte, sondern durch ihre Lage genau genommen noch viel schöner. Ich erinnerte mich plötzlich daran, dass ich schon früher einmal hatte ausziehen wollen. Aus allerlei Gründen. Meine alte Wohnung war also nicht das absolute Nonplusultra, stellte ich fest. Es gab auch an ihr durchaus Dinge, die man für meinen persönlichen Geschmack verändern konnte.

Und so ganz aus meinem Leben verschwunden war sie auch nicht. Einen Tag, nachdem ich damals, vor dem Jahr, die Kündigung abgegeben hatte, klingelte das Telefon. Eine

Kollegin, die nach Köln ziehen wollte, suchte eine passende Bleibe. Ich konnte ihr nichts versprechen, die Verhandlungen mit dem Vermieter musste sie jetzt selbst führen. Sie sah die Wohnung und verliebte sich auf der Stelle. Genau wie ich einst Jahre zuvor. Der liebe Gott – oder wer immer jetzt schon wieder dafür zuständig war – hatte zur Sicherheit ein kleines Halteseil eingebaut. Für den Fall, dass ich doch noch einmal Sehnsucht erleiden würde. Und vielleicht mal vorbeischauen wollte.

Es ging auch nicht so sehr um eine Wohnung. Es ging um einen fraglosen Zustand, etwas, das man, ohne darüber nachzudenken, als „mein Reich“ bezeichnen konnte. Allerdings war mein Reich jeweils nicht ganz von dieser Welt, wie Jack bereits festgestellt hatte. Meine neue Wohnung auch nicht. Gerade einen Kilometer Luftlinie von der alten entfernt, wirkte sie eher wie eine Filmkulisse. Aber nach einem großen Abenteuer war es wichtig, wie ein Vöglein erst mal wieder nach Hause zurückzukehren. Anzukommen, und mit wildem Flügelschlag im Rheinbogen auf der Erde aufzusetzen. Bevor es wahrscheinlich irgendwann wieder weiterging. Auf zu neuen Ufern.

Epilog

Am letzten Abend saßen wir zu viert an einem der schönsten Plätze in South Beach. An der äußersten Südspitze mit Blick auf die Skyline von Miami. Dort, wo jeden Abend zwischen fünf und sechs die Kreuzfahrtschiffe auslaufen. Unter entspanntem Jubel der Schickeria, die dort das Gläschen Wein ab zwölf Dollar aufwärts schlürft. Ein wunderbarer Ort. Die Schiffe waren längst draußen auf dem Atlantik, die Dunkelheit legte sich über das Wasser und ein Gefühl des Friedens über uns. Die Einzige, die den Frieden ein wenig störte, war ich. Mit meinem unverrückbaren Vorsatz, angesichts des bevorstehenden Langstreckenfluges ganz bestimmt nur einen Cocktail Virgin zu trinken. Also einen ohne Alkohol. Scheußlich, aber der nächste Tag dankte es mir.

Es war der beste Platz, um Abschied zu nehmen. Und der Ort, der am besten zu meiner inneren Geographie passt. Rundum Wasser, nach Süden kommt nichts mehr. Und der freie Blick auf eine der faszinierendsten Skylines, die ich je gesehen habe. Grün und rot und gelb sind die Dächer mit Leuchtstreifen umwickelt. Einer hat irgendwann mal angefangen, die anderen zogen nach. Wie oft ich den Blick nicht abwenden konnte bei der Fahrt über Biscayne Bay. Wie sehr diese Aussicht eine Rolle bei der Wohnungssuche gespielt hat, wie oft sich mir vor Glück das Herz zusammenzog. Und wie gern ich diesen Anblick am liebsten auf meiner persönlichen Festplatte gespeichert, als imaginäres Foto in meinen Kopf eingepflanzt hätte. Und bitte denken Sie dabei nicht an Postkarten, die in ihrem wahren Kitsch diese Ansicht nur sehr unzulänglich wiedergeben.

Es war der beste Ort überhaupt, und wahrscheinlich bin ich ihm schon vor 25 Jahren verfallen. Als die ersten Folgen von „Miami Vice" im Fernsehen liefen. Es war das Allercoolste überhaupt. Und es war die Zeit, in der das heruntergekommene Miami Beach sich langsam wieder aufrappelte. Auch dank der dort gedrehten Serie, wie gesagt. Entspannter und cooler konnte es nicht gehen und konnte man nicht leben als hier am Yachthafen, wo schon Don Johnson und Philip Michael Thomas entlang schlenderten.

Je schöner der Ort aber, umso weniger spielt er eine Rolle. Er ist ja immer da. Er ist selbstverständlich. Er ist immer schön. Wie das Wetter, das kein Thema mehr ist. Denn auch das ist immer schön. Außer an ein paar kalten Tagen im Januar und wirklich waschküchenartigen Wochen im August. Wie sagte der ehemalige Bürgermeister? Wenn einem das Wetter in Miami Beach nicht passt, muss nur man nur eine halbe Stunde warten. Man muss allerdings auch wissen, dass selbst das schöne Wetter – in Gestalt von Sonne und Temperaturen – ein Feind ist, gegen den es sich mit Besonnenheit und allerlei Spielregeln zu behaupten gilt. Und bitte klagen Sie nicht darüber. Es schickt sich nicht. Es ist einfach die unvermeidliche Kehrseite vom Paradies.

Es war ein völlig entspannter Juli-Tag. Der Tag meiner Abreise. Ein normaler Sommertag. Oder hatte ich mich an die Hitze bereits gewöhnt? Im vergangenen Jahr glich die Stadt um diese Zeit über Wochen einem Backofen. Wochenlang über 35 Grad. Ich hatte mich eines Morgens mit einem ganz leichten Anflug von Traurigkeit gefragt, ob ich wohl nie wieder eine kleine Wolke zu sehen bekommen würde. Wenigstens so ein ganz kleines Wölkchen? Erst als der „Miami Herald" mit der Geschichte aufmachte, wie selbst die Einheimischen unter der Hitze litten, begriff ich, dass wir alle ein Problem hatten.

Ich fand die Ausgabe der Zeitung übrigens, während ich im Gebäude des „Miami Herald" auf Einlass wartete, um mich mal bei den Kollegen zu melden. Um zu sehen, wie und woran sie gerade so arbeiteten. Sooft ich über den Mc Arthur Causeway nach Miami fuhr, kam ich an dem ehrwürdigen Zeitungshaus direkt am Bay vorbei und wollte unbedingt mal den Blick von drinnen haben.

Jetzt müssen die Kollegen ausziehen. Das Filet-Grundstück wurde vor Kurzem an einen asiatischen Investor verkauft, der dort eine Art Großstadt-Rummelplatz mit Spielcasino und dergleichen errichten möchte. Vieles wird sich ändern Downtown Miami. Wie es sich in den vergangenen Jahrzehnten schon immer verändert hat. Auf dem Nachhauseweg sagte Jack immer gern: „Als wir vor acht Jahren hierher in diese Gegend zogen, da stand dieses Gebäude noch nicht. Und dieses Gebäude nicht. Und dieses dort nicht und das da auch nicht ..." Und wies immer von einem Wolkenkratzer in Brickell auf den nächsten. Was wäre die Skyline von Miami ohne Verschandelung durch Hochhäuser?

„Miami is like an ongoing tone poem", sagt der Dichter Timothy Schmand, der gleichzeitig den Bay Front Park managt. Übersetzen Sie das, wie Sie wollen. Irgendwie stimmt's.

So verbrachte ich sehr viel Zeit in dieser Stadt. Und mein einzig wirklich ernst gemeinter Versuch, mich anderswo niederzulassen, scheiterte an dem Bild der Wolkenkratzer, die sich in mein Herz zu bohren schienen beim schlichten Gedanken daran, Miami zu verlassen.

Doch irgendwann musste es ja so kommen. Wir machen jetzt mal gar kein Drama, sagte Freundin Annette. Du fliegst nach Deutschland, arbeitest dort erst mal wieder, und bald bist du sowieso wieder da. Die Aussicht auf ein klein wenig Resturlaub, der sich mit Mühe und Not auf zwei Wochen ausdehnen ließe, hatte die Lage total entspannt. Wenn ich wollte, könnte ich in ein paar Monaten wieder hier sein.

Genau vier Tage nach meiner Ankunft in Deutschland starb Amy Winehouse. Sie hatte 2007 in Miami den Sänger Blake Fielder-Civil geheiratet und wollte damals in dieser Stadt ein Liebesnest bauen.

Ich war nach neun Monaten zurück. Die deutsche Freundin wurde vermisst. Aber sie konnte sich sofort wieder einfädeln. Alles war wie immer. Dafür war es ja Amerika. Oder war es Miami? „O.k.", registrierte Jack bei meiner Ankunft trocken. „I'd say, it's back to normal." Er hatte recht. Es war ein bisschen wie die Rückkehr in die Normalität.

Judith Zander

im ländchen sommer
im winter zur see

Gedichte

Mit Fotografien der Autorin

dtv

MIX
Papier aus verantwortungsvollen Quellen
FSC® C083411

Umschlaggestaltung: buxdesign | Ruth Botzenhardt und Judith Zander
Umschlagmotiv: Judith Zander
Gesetzt aus der Futura PT
Satz: Greiner & Reichel, Köln
Druck und Bindung: CPI books GmbH, Leck
Printed in Germany · ISBN 978-3-423-29010-4

Maiwind, so weicher,
Und Sommerwind, reicher,
Ich lasse dir Haar und Gesicht.

Doch willst du mir Sturm sein
Und reißt mir das Dach ein,
Ich beug mich dir lange noch nicht.

Wirst mir die Trauben,
Die blauen, nicht rauben,
Ich brauche im Winter den Wein.

Willst du wen jagen,
Geh mir an den Kragen,
Komm her!

Zsusza Koncz, *He, fang mich ein*

traute

Rauchiger Sommer verweht,
Was war, ist vorbei.
Alles nach Hause geht
Und wird wieder treu.

Veronika Fischer, *Rauchiger Sommer*

erst mal was rüberwachsen lassen
über den blanken januar
das ginge an als thema
sowohl als auch praxis nur dass es
heimchen gibt die noch vor schrecken
und grillen das gras ins kraut
schießen hören auch das
hohe septembergelbe wo eine sich hin
und weglegen soll in aller baumwollbläue
eines verworfenen himmels nichts neues
entdeckt wie man sich bettet im felde
so schläft man alleine *ist immer frei* ein
flintenweib im kornradebrechen geerdet
heimchen sind als kulturfolger ungefährdet
dies mal nebenbei immer wirst du sie
finden heuverschnupft *und mit bittrem Mund* und nun
tu mir doch mal die liebe und kund warum
liege ich *neben dir und bin nicht*
hier wovon willst du ein bild
dir machen kannst du nix machen
mit die heimchen werden es holen bevor

es dämmert dürr liegt das nochsommerland
hat wohl die auszehrung sagte man
so dahin wenn einer nicht satt werden
konnte von schrot und runzelkorn ich kann
bei allen rapunzeln mir nicht helfen wir
waren doch schon mal weiter meinetwegen
in den fünfzigern kam einem mehr
gelegen sagen wir *Petzow Kreis Werder*
trotz petzen trotz kisten beziehungsweise
kitzel und trost einer strauchdiebin mir zu
liebe hältst du für das
was ewige flecken ins hemd macht
einen graskontrast schwarzen saft
für einen mienenwinter zum blei
spiel abwehrkraft wer verkraftet es
besser kann es nicht ab und zu wünschen
ist allem was kreucht oder fleucht eine
ahnfrau die bescheid weiß ihr feinstes
missingsch dafür noch mal
glattstreicht *von ein'n*
schönen teller isst man
nich alleine

meteorologie

als er sagte in großer hitze er
sei ein mensch da fasste ich ganz
gegen die natur in mir ein zutrauen
ist zu wenig gesagt auf einer terrasse
schon worden

von norden
grollten donnerwetter heran kamen lang
noch nicht an gegen klima
folgen los war ein sommer was sonst
gekommen wer weiß
kein mensch

keinen reim
kein kühles gesangbuch müsste
ich mir draus machen hätt er sich
ausgesprochen gegen mich oder ich oder die
stufen der terrasse ein tagspeicher nacht
schleicher zwischen den winterlinden sahen wir's
hell niedergehen wie nie war's mir
nicht schnuppe und meine pfoten leise
zitterten sie wie fünfstrahlige
maibleiche sterne

drift

weißt du schon dass wir in turbulenten
nordpolverlagerungszeiten leben jedenfalls
magnetisch gesehen etliche referenzmodelle
mussten erst neulich vorzeitig angepasst
werden dit gab's noch nie und
der grund ist unklar mit vermutungen
ist man da schnell bei der hand zu
heißen unterströmen besonderer
agilität ich sage dir hier
ist davon nicht viel zu spüren
mein kompass zeigt immer noch
irgendwohin und der bodden wirft
mir den zander nicht weißgekocht
an land alles muss man
nach wie vor selber machen wie stark
und in welche richtung er sich
in den kommenden Jahren verlagert, bleibt
vorerst sein Geheimnis ich denk mir
dit weeß er doch selber noch nich

besetzung

bewarb mich infinitiv in meiner
besten disziplin der rosigen
losigkeit freiheit der gewissen
haft allzeit im schriftlichen
flirt unverhört um den fristlosen
posten der co-auto- oder
beifahrerin (ein wahreres agens schlief
nicht sehr tief) bei dir kaum rostfleckig
brachte ich mich als empfangsdame ein
lachte mich blank und scheckig

verging mir berlin-bound an keiner kasse
des vertrauens bar konnte ich dich
schon schauen im baumarkt bei netto war
ich mir meiner der sache
gewiss: du wirst haben
all meine felder und wälder und dazu schiss
ich zählte mir
meinen vorschuss hin schmal
aufm handgelenkrad zwei arme fahr
lässig verkreuzt und ein loses wort über
freie körper ihre abkürzung *bei uns*

macht die carriera keine
pause ihr galoppierender verlauf
führt durch einen *kleinen lila*
Nebel auf einen *Bahnhof is immer blöde* schön
sind wir am ende des kurz-davor
jener besseren weltwirtschaft tatsachen
die du abholst die kannst du schriftlich
nicht haben das hole ich also
noch auf der stelle komm
positiv ein vorgewärmter
platzabtausch per handschlag in bausch
rock und bogenbrauen

schleier

dieses mal lud das wetter nicht
zum picknicken auf ich erschlich
ein paar volt im schlafpelz auf socken
die ächzenden knappen glatt
fast um den aufrechten gang
mich ein menschenmögliches vorhaben
bringenden stufen nicht noch mehr
wesen vorzeitig aus der traum
arbeit abzurufen hinab meine neigungen
steht zu befürchten sind eines
und jedermanns sache nicht

schob mich vorsichtig vor meine kurze
eisschicht auszuhalten in jedem
fall übern lichtschmutzrand die dünen
in die verstürzende schwärze des strands es
kam das rechte oben zu liegen die
marmeladenseite des mondes in einem
tiefen apricot so schien er mir aus der seele
zu schweigen sonst keine seeleute in diesem
frühstück heute konnte man eigentlich
noch nicht sagen das ist
der kern das ist *Der Schatten*

eines Traumes wachte ich morgen
stunden später noch einmal auf
fiel gleich der schnee in die reet
lichen lande ein leicht
betretenen pfaden zu meinen
speichern ins geweide ganze flocken
batterien hast du noch nicht gesehn müsstest
lügen immer noch nicht die
stillen vergnügen mancher
nacht auf meinem gesicht erkennst
du bist nicht allein jeder
mann sultaninen pickend korinthen
hinten rosinen im kopp
sich zunickend nicht

vorlauf

die mittagswelt wird zugestellt
als ein leerer parkplatz das fade
gericht das der hilfskoch über mich
hält und waldfremde gesichter

in den lichtspielen erst des abends
werden die regeln des buhlens auf
deutsch gesagt wieder aktualisiert
wer nicht näher kommt verliert
einen tag auf der parkbank

die sphäre der sessel ist weiter im
stande gerückt in harmonik zunehmend ohr
an ohr so warfen wir
den film aus nichts
erfuhrst du über die aussichtslose
position die seglererfahrung empfiehlt
nichts zu tun alles
löst sich auf
von alleine

album

jeden tag den die windfahne land von der langausgezogenen
ungebügelten sorte barocker
seestücke mir hier
werden lässt walte ich seines amtes halte ich
ausschau ihm nach
empfundenen nämlich denen ebenen- oder sinnbildern
ansichten schöner bei fahr
wasser auf die mühen
des auslösers ja

ich verklicker ihm
auch das noch: unsere fluchttiere roter
fuchs springend schwarze spinne hängend sie zogen
sich nahe ans haus
draußen innen fast konnte man nur
noch entrinnen
dem schicksal schiffbruch
bildersturm fahnenflucht oder einerlei *doch*
am Tag gehst du mit einer andern spur *vorbei*

einen tag vor
dem er kam woher
der wind weht in den wiesen
gewahrte ich auf kurze sicht etwas größeres
als einen kater befangen im mausen im jetzt undercover
netz schwarzer maulwurfshaufen recht und
frevel kamen in die gänge verewigt
machten die flatter einen satz
tafelbilderschleißen zwischen
eden und erden gut
gut so
kann aus allem noch
sonstwas werden

konserve

mit der richtigen technik gelingt
es mit glück eine disco zu zweit
auf die steine zu bellen die schlafenden
hunde geschweige befunde bewahre dabei
im wecken das eingemachte nur sachte
die gläsernen menschen zum klirren
zu bringen aufgedreht eingebracht wissend
wohl wo wir es nehmen haben
wir diese nacht wenn es sommer wird auf
den winterreisen da mag's sich erweisen
als *bello e impossibile* einer
engtanzrunde (*ich bin der* ich bin)
letzte Kunde

besuch

einmal quer durch die ddr beim zeus!
kamst du nicht direkt lang *wo der Park*
mit dem Wald du weißt schon oder erst
einmal ist gereimt meist geschummelt der länge nach
gerade unziemlich durchmessen die grade kamst du
hier an *ein freundlicher Empfang* am rande
der bemannten welt sogar ein netz an land
gezogen so macht der abstecher
fisimatenten du machst für sie
noch nen spaziergang durch
leipzig-by-the-sea versuch
das leuchtfeuer auszublenden dann sieht's
in beide richtungen gleich aus *because*
the night und nebel verkehrt gelesen
könnten es böhmische wälder sein die
dich umparken *truely I do* ins
halteverbot ins doppelgebot abschnitt zwei
strand dir gut und gerne wäre ich
einig mit dir verblieben *there*
never was a night wärst du
man bloß nicht mit der rohen botschaft
empfängerinnen verquer verfahren hättest dich
nicht verwählt

gabe

ist eine zeit
da freut
es dich
direkter rede
zu stehen
im flur
mir bei lichte
besehen doppelt
verstärkt einen ausdruck
zu verleihen

mit dem laufe ich zwei bücher
weit noch in ein abendbild wind fährt
mir untern rock ins feld wo
mohn- und blaue blumen
die weizenstudie widmen der
geneigten bahn eurythmischer
bewegung arme schwingen eines
vogelfreien tieres im dickicht
neben mir fiel es
in einen menschlichen schrei *I*
want to walk in the sehr sehr

wendung

morgenrot schlecht wetter brot
und salz in der suppe mit spucke geduld
haben wir alles gehabt unsren menschen
und den büromenschen mucke er
auf den punkt punkt punkt kam er strich
uns das mondgesicht zog er vor her
hatte er ohne gefunden wir
können das trennen uns keine teile
des satzes ab heute verweis auf
den platz das hat keine eile und bleibe
er weg ohne hast nun und dritte
person *the whore's hustle*
and the hustler's whore das wärn
wir överlegg di dat in der city
am fenster hier aber reichend
zum bodden ist alles ex oriente
luxus ein grundguter exotismus die reine
verschwendung an heim & office

wegzehrung

wenn alles sich an den schlaf
eine arbeit macht gehen
wir ohne abrede los
geht uns das wäre
gelacht noch das licht
nicht aus versehen wir
unserer nächte werk eine
abstimmung mit den füßen
aufeinander verwiesen verwäldern
deine und meine warten die tiere
stehen spalier beim ortsausgang begehren es
auch zu wissen was du
von ihnen hältst und unseren
risswunden künftiger natur
ein lüftchen nur fällt in die föhren
kein gebürg über uns ausgesprochen
weniges wird uns hier stören so
haben wir es gehalten unser
freudsches versprechen es war
schließlich kein verbrechen übers
versanden der anderen welt verenden
endlos zu reden verstanden
zu legen uns auf den warmen
radweg der länge nach
высоко мы, как звезды
kullert mir das kleingeld
aus den spendierhosentaschen du tappst
im asphaltdunkel fandest alles

acht abnehmende halbmonde später es
hatte sich vermehrt und damit
hatte keiner gerechnet du weil du
eins und eins zusammen nicht
zählen kannst auf mich entfällt
dass meine rechnung alt aussah und
kaum noch offen

fehl

der mann von heute mit moral
verkraftet die trias nicht mehr:
gut darf es sein auch schön doch dann
auf keinen fall noch wahr
wahr ist was als gut gelten kann
das schöne kann es nicht
hübsch wär's das wahre hätt nur ein gesicht
und nicht so gute augen drin verdammt noch

nicht mal eine wune
kann man ins eis haun
du kehrst den winter unter
den eppich und kennst ihn
nicht das nenn ich scheiß
baun auf sand ein gebilde
von treuer hand mein freund
ich kann nicht leiden
wenn du dich vereitelst

ausfahrt

zu gelangen mit nichts und niemand
ins namenlose benachbarter marken
zeichen zweierlei einigkeit du
sagtest du sagst du hast noch was
vor den anderen galt es
leiser zu schweigen worüber
man nicht reden kann davon und auf
kann man leben *really* die reise
jeweils allein abzutreten ich
in der absprache polnisch rückwärts

schon klemmt dir ein bier im schoß
freihändig los schon sind wir gefahren aller
wege nehm ich's dir ab im galopp
verloren in den *Galoschen*
des Glücks schon verrückt
haben wir die flurgrenze hinter uns
wälder frey und schön der bären
dienste ledig handstreich und
spanne lediglich sahen wir ist mir nun
mehr am see

nicht ganz ohne halb oben behalt ich
an bindebändern aus schwesterlichem
polyester den kopf unten rum hüftauf
lass ich den zwischendingen ihr lauf
feuer und halbzeug nass im geäst
handtuchschmal neben mir das tier
aus dem wasser ein vorbildlicher
delphin oder war's
ein schmetterling admiral es ist
umsonst noch nichts geschehn

wir vertraten uns ein bein
noch im sperrgebiet das andere
lagerte auf dem schein samt und
sonne einem restöstlichen wahn
recht köstlich schmeckte es mir dir
ein imbiss die indische pizza im
magen trauten wir uns was zu
reden führte im wagen retour das radio
in den landschwarzen morgen *keep*
the streets empty gefährten die
unter uns der mittelstreifen
herstellt ein vor- und heftstich fort
gesetzter gedankenstrich

wandelstern

wenn das so weitergeht netter hintern
ist noch kein arsch in der hose hopse
ich auch noch rein aber ich komme
auch wieder raus brauchst dich
gar keinen hoffnungen hingeben mir
ist es gleich ob als schöne
brackwasserleiche als solche
doch das wird erst der Anfang sein
geh ich dann bei dir
um geborener morgenstern shocking blue meine
parkabendmilde gestalt wollten deine
augen weit und breiten hände ja
noch nicht zur erkenntnis nehmen es langt
nicht sich eine verniedlichungsform
zwischen die fenster man darf auch
mal raussehen nicht bloß die heizungen aufdrehn
zu stellen und stoßen sich
keiner dran soll kunst
erzieher nun nenn mich beim namen muss streit
flegel wehtun sonst tut sie
erst recht weh wir sprechen
uns wider wenn dereinst du weiter
vom treibholzweg abgekommen sein wirst denn liebe
hoffnung so leicht stirbt sich's nicht what
goes down must come up

streusand

was uns umfängt auf diesem
terrain ist namentlich nicht gesichert entweder
steht hier alles in flammen umqualmen
die rauchopfer tür und tor
oder wir waten vernarrt im morast
auch pfuhl geheißen da draußen im forst
alter monokultur ich würde ja sagen
beides zugleich sei hier gast oder
fühl dich wie *immer*
nach Hause When Worlds Collide sind
es ja nicht diese zwei eines
vagabundierenden paars herr gas
ballon und frau beta-world

öffnest du am abend die luken lässt luft
herein über nacht sie auf
kipp mögen ungebetne verbindungen
dich in der phasentrennung des tages
benebeln hängt ein vaganter geruch
aus den mischwäldern hier herum
nach einer sache die man nicht tun
sollte in diesen wochen doch
ist's schon geschehn gesehen worden
unter der sonne aerosol asche im
flug glanz und gloriole
des rußes (ursprung im dunkeln) im
grunde ein must-have

auch in den sümpfen ist brauchen
verboten muss zwischendurch unser
eins auf den stümpfen sitzen sinn ich
den suspensionen nach ihrem hang
zur ablagerung und ob ihre kolloide im großen
und ganzen zeitlich zusammen
geleimte waisenplaneten bloß sind in der
schwebe ein rauchvogel über dem land
hier in der habitablen zone
gibt's im konsum kein löschpapier mehr
nicht dass ich dafür was übrig
gehabt hätte schreibe mit rußtinktur links
händig auf dir dass im verwischen *viel*
Schönheit entsteht the plays to be

stadtluft

so wird das leider kein
bratkartoffelverhältnis ich schätze
mal frau luna macht dir ooch keene
hernach stattdessen führst du sie an
einen ort wo was aufgetischt wird
immer der nase nach welcher dank mir
dir erst ans herz durch den magen
gewachsen ist weil dir nix anderes
einfällt versteht sich kein bisschen kein
tröpfchen schweiß tritt dir dieses mal aus
der fliehenden stirn ich befinde
mich wohl zweihundertdreiundsiebzig
kilometer hinterm mond doch soll keine
zurückgebliebenheit spüren *no*
body puts kannste dir ins geheim
ratseck schmieren *Baby*
in a corner spornstreichs
vergattet platt kann ick
mir da die nase drücken am
abgasglas bloß was
gibt's da schon groß zu sehen deine
grade mal halbe seite und
nicht die bessere hälfte und
kein geheimnis dazwischen ist gleich paar
tage danach schon abfall
von der geschichte zerfällt wie
uran aus missmut kannst von
dusel sagen dass keinen
bernstein wir fanden in deinen
händen wär er nur weißes
phosphor es *brennt*
wie Feuer ist aber keins

tagelied

sô wol dir, sumer, daz ich iemer
lobe dîne tage sie mögen
aussetzer haben die lieben ich meine
wer kennt das nicht von sich selbst strom
ausfälle unstillbare lüftungen morgens bloß
kaltes wasser verlassenheit von allen halb
seitig guten spukgestalten (hüftschaden
blinddarmdurchbruch) in einem sinnen
zerflirrenden klima schreib
maschinen schlagen verwünschte zeichen nur an es kann
die antiphon der kuckucke ununterbrochen
nicht ergötzen ich habe auszusetzen
nicht einen tag jeder wird hier gebraucht
jeder nach seinen fähigkeiten na klaro
fahre ich mit nach reimt sich auf na gut

was tut man nicht alles um einen krümel
von der wange gewischt zu kriegen sein eis
von der tanke zu teilen mit einem mit dem
man sich mitteilt dem tag vergleiche
einem sommertag anvertraut
diesem und jenem buch lach
und sachgeschichten zwischen
ding- und klinggedichten lieder
schriftlich ist's eine handreichung keine op
am geschlossenen herzen fürs erste
genügt auch plastebesteck und ein mitgesang *Ich*
öffne mich Und mein Herz
öffnet sich na das wolln wir mal sehn

wer wünscht kann erwähnen rückwärts
ersehnen vom wägen dieses tages
geschehns: ein schlossfest und viermal
bratwurst mit radler geteilt im verhältnis
eins zu drei vom schweißrand betrachtet
vergleichsweise viel eins-zwei-tip lagerei
entfernt *an der heide* ein kopfpolster nur
(was sich später über die schulter auch
sagen lässt, ganz die deine) dein arm
schient meinen scheint's *schône beide*
die ausschließlichen anliegen: verbündeter
du wirst gebraucht und bist ja schon im werden
doch was wir aufbaun rissen wir
mit tieferen begierden wieder ab ohn die ich nicht hab
wovon nicht absehbar ist auftritt einer
deren name reimt sich auf ne
na *ich hab heute nichts versäumt*

erosion

ein *wildes Tier* die schweinsäuglein
ausgekreuzt lichter ausgeknipst braust
vorbei treibt unwucht mit mir *dachte*
ich, mich streift ein Bus gebunden in
zwei tadellose rosenrote satin
schleifenbänder ein präsent für
die frau des hauses all-inclusive oder was
denkst du dir da sind mir deine
milden gaben doch lieber und werther hat man genug
dran zu nagen und einiges was aber auch
gar nicht kleinzukriegen ist kann man
sich in die vitrine noch legen *first time ever*
I zu den bernsteinen keiner kette
glieder rapider verwittern sie succinit es gibt
auch noch andere arten weißt du
übrigens dass vor zeiten golden
wie magenbitter die ostsee süß
salzig deine heimat einschloss natürlich
als noch kein mensch an uns dachte nur
fliegen was zuleide zu tun war

legende

hier flötet tropikal der pirol doch
lässt sich nicht blicken am werk
zeug flicken die richtigen an
sässigen dieses strichlandes wissen
von regen noch zu berichten und wie er war
in seiner sommerspielart uns nur fiel
es leicht unser jüngeres sein
zu verschmerzen die rede von jener erzenen
stadt und was wir darinnen gewesen
oder lebendig belassen hatten hielten
wir bald für kaum mehr als geschmätz
denn hier ist alles real wirkt der dachs und wahr
scheinlich mehr als nur einer

den wir / wir sahn
auf dem weg / auf der straße
drei jahre zuvor / letzten sonntag
im letzten licht / nachmittags gegen drei
und es gab noch einen unterschied
oder zwei fast genau auf den tag

wir stiegen ins gras verschwitzten was
gestern im spiel war ins wasser die pure
vernunft *killer on the road* zukunft
wird aus musik gemacht stell dir mal vor
ich wär drübergefahren sprachest du aus
ballen wolken schlug's uns vom baden
in die taufe aufs autoglas donner
litt lachen und stille *if you give*
this man a ride sweet memory
will die meine arme
umwanden die kopfstütze so ist das
leben vermehrt sich in pfützen
nicht weiter verbesserbar

trafen wir pitschnass mit handtüchern schwimmhäuten
ein in der großküche der gerüchte wegen sehr
appetitanregend was wären wir ohne sie's troff
von den dächern auf offen gelassene fenster
flügel sah man uns an im speisesaal tönte
es von der sichtung eines pirols

rhyming slang (*Crash! Boom! Bang!*)

ich komme gleich gleich
bin ich zurück
ganz und am stück
nur noch entfernt intressiert
doch keinen hab ich
vom fach
unters dach dann
oben drauf arrangiert
gleich komm ich
zu mir dir gleich
morgen

muss nur noch schnell rotz und
wasser teilen den wind mit
der lade ausschütten und das
fischbuch verschneiden wer den bade
meister hat braucht für den
jungen gott nicht zu sorgen

scrabble

pardon wird nicht gegeben im schlaf den seinen
weiß ich mir locker zu denken gebe ich
ihm ein unding zwischen frau und frau einer
ums andre zu lösen genau so gibt er mir nach
und nach seinen vom andren ende zurecht
gelegten schlaf drin liege ich falsch und wach

hochufer

so kann man dem sanddorn wohl sagen es ward
alles versucht etmale geflucht wer nicht
will der hat schon zurückgelegt schlafmohn von
mittag zu mittag und muss damit
klarkommen ankerkettenlang und auf jahre unsere
wenigkeit weiß nur was
morgen ist nicht sein wird

die entgeisterten hängen koppheister
sehr an ihren gefälligen kerkern die kletten
gene gestatten ihnen nur buchstabentreue sie
klettern nicht gerne in die rahen verschmähen
gefährlich die weitere sicht versteigen sich
in phantasien sie seien schanghaite sollen sie
einmal an die frische luft
gesetzt werden wollen sie nicht haben
kein' judastaler keine handbreit zeit für
die freiheit beziehungsweise müssen sie arbeit
noch ableisten die keinen spaß macht null
wind und im zuchthaus nur sinn
da nimm mich
aus
gelaufen bin ich die augen voll
absturz der bunker am strand
von plätschernder welle und folgsamem sand
halb versenkt schon geht
schneller als man denkt alles
ausm leim *parsley sage rosemary*
and thyme

sitte

schon am vormittag unter verfangenen
wiesenvögelchen waldbrett
spielen landkärtchen tagpfauen
augen gefallen gefangen in einem
waldlichtungsweiten teilweise über
belichteten raum stach's ins auge in
die stehende luft das zusammen
fallen unsrer oberteile passen
bis an deine socken wieso
du sie nun noch nicht aus
zogst bei diesem wetter das blieb
flatterndes halb- und halb-wissen *staubiger*
Spiegel farbenprächtiger nachtschwärmereyn ich
zitiere deinen zitatversuch vor
das gedicht: wo park und wald sich
gute nacht sagen
gute nacht sagen
ist gut lachte ich dich
der witterung wildbret über
aus an weiter rein zogst du mit
deinem tiere dem fuchs auch
den hasen von der bushaltestelle: *an* die
hab ich gedacht umarmt
umarmt sacht *sacht*
die Türe zu jede nacht

hoffart

die weiden konnten es
sich aus dem kopf schlagen
austreiben weithin sichtbar
die flausen *aus gelb und*
roter Seide bescheide
in loderform loser anträge
mich nun beispielhaft
zu betreiben als nebenschau
beistellherd kleine flamme
landpartie meerjungfrau
aye aye

Durchhalten! ordnet
die robbe am straßenrand
an und für sich kann es
schaden nicht ich
grüßte mit dem Schwanz
drüber weg (trüber weg)
kam ich de bakelberg achtern
denkzettel flugblätter sünd schwere
wetter allenfalls nasenstüber
büst övern Hund kümmst
oock övern Steert und
an seiner Tür vorüber

virtus

her mocking smile says it all
she records the rise and fall
of every man who's been here
but the only one here now is me
I'm fighting things I cannot see

Suzanne Vega, *Marlene on the Wall*

mehr sieg als liederlage in
den adern keine frage schmücken
wir es bronzen aus legiert
gesessen ist noch nichts verlang
samt geschwärzter nacht ruhig kosmisch minus
grade im blut da sollst du's vermuten
lassen und tun nicht so als jagten
dir die himmelhunde nach im sommer
halb ja witterst du wechsel und wild
bahnen musst du dir die jugend
tugenden nicht vergeben deinen
wandel selbst vollziehen

soviel dazu wozu fragst du
nicht nach meinem stand ich sage
nur deep sky gesunken unter
die jungfrauen nattern und vipern den schwarzen
wald die krautklasse und das
gatter zum großen stern selbst
den horizont tiefer als deine voll
ständigen jovialen schichten schlag
mit der nacht immer etwas vor

bei ich bin der *Abendstern*
sagte der abendstern du
müsstest dich rühren oder
auf dem sandstein hier samt
weißwein göttergleich anfrieren sieh
saturno dreht schon an der sanduhr
bald sense & sensibility bleibt nur
einer von uns muss
sich wenden den andern
zuständen nachsetzen aber ich
will nicht dass dein aufgelegter rücken mir
entspringt visierkreuz meiner arme
lagerung leicht verderblicher wärme: heute
zeigefinger komm ich deute
dir erst mal was du für selbstleuchter hältst
dein blick fällt gradewegs auf wen
sonst als dich *mein Augenstern*
streber nach höherem urheber von
mäßigkeit fairteiler auf
gut glück besitzer von gründen groß
zügiger logiker sorgloser frei
beuter mit dem bedürfnis gut
zu sein unter aspekten gesellschaftlichen
zusammenlebens also bitte
sei vernünftig und schlag
ein mein zinnsoldat und kupferstecher
die neige im becher trinkt
der tapfre rabe never more bevor du sinkst

im abgang weiße wahrheit ephemere
avantage durch alle lagen
dringend geriebenes eisen an meiner
heißen venerischen wange sechs tage bart damit
nicht genug ließen sich deine finger herab
strahlen auf meine schläfen als spürten
sie einer abart nach die sich mit allem
vereinbaren lässt wie kopf und brust
unsre schon in die flurnacht entlassenen
arme armeen im ergreifenden vor und zurück
wenn wir nicht gehn unter
diesen umständen ewig uns verstehn *es tut mir*
leid wenn ich das alles nicht

entwicklung

zu einem taugenichts werden *auf Erden*
tagedieb bummelant wer redet so
schon eine frau an frau morgner Ihnen der
steigerung von morgen und der schönen
melusine muss ich vermelden es ist
immer noch nicht die zeit so weit
kam's doch *anheimgegeben*
einer bleichen bloßen blauen rückansicht
im großen raum
fielen augenblicklich mir die
hände in den schoß es war
ja nichts mehr da zu machen
längst bezogen feder
bett und traum so schaut es
aus du lieber august in frau
welt schau weg und hin wir
sind uns einig worden in der frage *also*
was soll aus mir werden

konjunktion

ich muss noch mal auf die planeten
zurückkommen denk dir bloß
dieses jahr echt wahr ende
januar rannten sie aufeinander
zu die nächste erdenverwandte und
nummer fünf mit dem größten
magnetfeld wenig mehr als heißer
luft möcht ich sagen wär aber
erlogen mehr *kalter Rauch*

während sie sich im juno jenem
beobachtungsmonat vollkommen betrieben
durch solarenergie noch verwahrten
der abnahme von firmament zwischen
ihnen ein zwinkern blitzhelles blinkern in
unbenannten gewässern fast alles war
es gab ein paar
antriebsschwächen im sondenangebot
das wurde wahr
genommen die geneigte bahn
erlaubte nicht nur studien der magneto- und der
atmosphäre sondern ebenso deren
pause äußerer begrenzung endlich
als mond I genannt io gelblich
in erscheinung trat eisenkernig
und mit einer äußerst dünnen
hülle farblosen schleimhautreizenden sauer
schmeckenden giftigen gases im wesentlichen

sehr eben aber
überall zu riechen es konnte
einem auf den magen hageln noch
vor dem frühstück *ein Blick genügt*
für alle Zeit verschossener pudel hier eine
fußnote* jupiter kam an
der türe zu kratzen bei venus die hörte
bob dylan und zwar aus wahrer koinzidenz und
bot ihr ein schlepptau an fasernder
sisal oder fragliches signal sie sah
nicht mehr klar durch den strippenregen das wäre
dann wohl als hilfsmond gewesen venus
jedoch passte so lange
sie wusste auf keinen
rücksitz das gibt bloß
versengte schonbezüge

venus blieb
auch frei
äugig zu gewahren am taghimmel bei
ihrer version hielt dicht in undurchsichtigen
schichten fest dass es ein fest war einzig
ihr retrograder lauf hält sie auf
kurs vor der gebundenen rotation
lang sind die tage und kein trabant

* Thomas Mann, Tagebuch 6.1.1940: *Zerwürfnis mit dem Pudel wegen seiner Unfolgsamkeit nach Auffindung abstoßender Dinge.*

ein entwichener lediglich m genannt
beide begleiterlos nun
und ständig grauglühend ios position
beeinflusst sehr stark die Aussendung
der vom Jupitersystem abgestrahlten
Radiowellen ließ sich erfahren anno achtzehn
hatte sie ihn bedeckt aber
vor zweihundert jahren

diesen januar
kurz nach der zweiten
mondverdunkelung in einem halben
jahr bestand keine gefahr zwar
wechselten sie die stellungen interstellar doch heraus
kam ein bloßer positionenaustausch
jupiter lief *einfach so, einfach fort*
an voraus sieht kein land und zu land
zu gewinnen am himmel und venus
nimmt immer später platz ihr versatz
zielt auf die sonne zieht wasser gelassen
werden die beiden erst wieder sich
anfassen da
sind wir
kaltes eisen auf alten bahngleisen könnten
es aber noch erleben bis dahin
halten wir uns bedeckt mit
unseren anagrammatisch verschränkten
himmelskörpernamen kann man doch

was draus machen ein
logisches quadrat das haus
vom nikolaus mit dachschaden
und sternsicht ein gedicht fast
geschenkt

janus

Samstagnacht und du hast nur deine bieder
männlichkeit noch parat einen zappen
dusteren realitätsabgleich gleich ab statt
gehabter realität die nicht geht
wie die andere sondern steht wie
die seifenwasser im duschbecken alle
zwei tage dein versuch
die wogen zu plätten wozu du jedoch
vor ort sein müsstest der ort wüst
umtost somehow lost isses nich meiner
rasend leibspeisend heißt arcadia-ego oder *wo*
die Gestirne sich verschlingen

da gehe ich auf
zwei wegen mir nach
vom sonnensystem zum subbotnik befolge
nur weiser noch *sonder* sorgen acedia ordnung und
Maßen das nächste dorf *Born*
this way wer am bodden
außer mir heute
entlangstrolcht in dieser selbst
herrlichkeit nasser räude kalt
abfallender farben nachricht vom
klärschlamm sendenden windes den
fressen die gräben er sei denn
mir gleich und zum schreien ihm unter
jubeln fluchen umschreiben
wie es im buche nun steht

oder ich mache mich auf
im gegenlauf zur *Ertüchtigung*
des Spülfelds betrachte nach der
geschlechtsumwandlung der saturnalien
in eine denksportaufgabe deine
rochade auch sonstigen züge notiere
sie mir mit gleich zwei frage
zeichen denn sicher ist sicher
ist nichts spiel mir doch
wenigstens das lied vom *Blatte* wenn
nicht vom *Mut!* die ausrufeleichen
in deinem keller erstehen davon nicht
auf kommen nicht die treppe herauf und ich
steh nicht drauf sondern allhier im aus
geschachteten gitterfeld ‚ich rücke zurecht' und
könnte auch sagen ‚berührt – geführt' epimetheus
die Sehnsucht kommt nieder sedimentiert
steht ab von sabbat und sense

antike

von abakus bis abaziskus klappert das
wörterbuch rückläufig ab die stationen gleichen
endes unsere sehnzüchtige aufsucht findet sich
nicht darunter und drüben dürfte man es
keinem erzählen selbst hier changiert solche
abendgestalt zwischen petty crime und jokus
manche gar verstehn keinen spaß und orkus

der ort wurde unsern vergnügungstüchtigen
zungen geläufig erst per bekanntmacht an säulen
des litfaß und besitzt also wie man las einen
Speicher zuweilen für tanzspartakiaden
Pantha Rhei neurostalgische petitessen den
ganzen staatszirkus mal untersagtes und was
die alten sonst so sungen ein kulturhausbuch
mit sieben petschaften für die jungen
schulte man sie nicht alle acht wochen nach

angetan mit unserer schale aus polyethylentherephthalat
erstanden wir uns hospitanz im *Klassenzimmer unter*
Segeln aus verbrämtem retromaterial es *trauert*
das Meer, das den Herrscher vermißt by the rivers
of cashflow & Babylon wir und die stützen
dieser gesellschaft liefen aus in die quadratur
der disken quadratierchen unterm zodiakus der hierorts aus
haus- und streichelgenossen sich zusammen
petzt dich versetzt als schwachmatikus ins eck in die lehre
des flächenlands mich endlich klopft einer dir nen orden auf

die schulter *Alter!* für die freien jugendbewegungen deiner
begleiterin linker hand

                                        mir übern hinterkopf wie öl
im verlass des etablissements so ist alles im lot und
wohl weise drehte ich mich nicht um dieser ort
trägt geschlechtliche handlungen ja schon im namen wenn man
so will doch *den Anker der Nacht holet ein* die aufsicht
des morgen *Sonne, frag nicht, was wir* alles nicht so
richtig *gemacht* nur in petto im nährstand hielten im
                                                                        gedeckelten hokus
pokus von saisonarbeiter & mistbauer ich aber brauche
vorläufig dringend einen lokus *fahr mich vor die villa* da ist
auch ein weg wie die abc-schützen heimgekommen
unter der lindensumme in dorisch des bienenvolkes sie wächst
nicht in den himmel stemmt sein konstrukt streich ich dir
übers abzeichen du konzedierst *na stimmt ja auch*

montag

mäandernorts du selbst hattest dich
aus dem regenstaube gemacht warf das morgen
hochwasser in der brause war einmal
sause und große pause noch
ein haar von deinem -haupte (vorsilbe
ad libitum; *verrückt, zerstückt*) in die sichelform
aquaplanetare serpentinen zu nehmen
im seemannsgang

was sich außer dem
einen noch fand: vom schwanengesang
im tableau vivant gänsescheißengrün versohlte schuh
eine träne im klettverschluss
der abwetternden jacke (*ist hin*)
und meiner werktaten unruh

verschluss

bisweilen auch wenn es die kornblumenblauen
shorts sind bist du gefeit vor dem glauben ich
ginge einher in den büxen der
pandora und auch geneigt diesem freigeist
lax ein votivbild stiften zu gehen in serie aus
zufühlen die kontaktbögen raus
zu haben mit retronymen begabt bin ich leicht

fertig stellenweise werdend tun sich uns die gute
alte pampa und puszta taiga und tundra auf der
raum ist schon da zeit ein nachgetragener
einfall ein zurückgebliebenes übel du schwörst ein wenig
zu viel ins blaue aber die originale
liegen bei mir ein füllhorn platzhalter bis die tage
erzählt sind der goldenen ära in einem rollfilm

vergessen setzt auch ein gedächtnis voraus zu
meinem gebe ich dir die ähren der unbehandelten
felder bei büchsenlicht schnüren wir um wüstungen
auf desire lines legst du mich ein als saat
gutes wort dass unter last der freien stücke dir
vorerst nichts blühe im bilde zurück hältst du
klein wie mein finger dich den du mir schusselig
in den mundwinkel schobst als bliebe er sonst nicht oben

narrenmond

hebt an mit dem gleichen
tag wie der junius immer und immerdar
will es was heißen nun
bricht zwischen uns den
verkleideten einwänden
leinwand und steinwand bestimmt eine neue
jahreszeit aus ist's
die vierte oder die fünfte sag an mein schatz
hausierer auf mondfahrt mein miesepeterchen was
ging noch gleich an
gebein verloren spiel oder stand
oder *mehr, mehr!*
rausch*Gold und* treib*Eis* doch nicht das geringste
gestein von oben da weht dir der
blaue peter auch ohne wind fast
nacht und wir kind
kriegen ihn schwarz eine ansichts
sache höherer art oh du mein
petrefakt in der brandung liegst
splitternackt bei *ein stück faul Holz* doch
wir meinen's nicht so und ich wusste ja nicht
dass du gleich noch beim holländermichel
vorbeifährst dann hätt ich ja fast nichts
gesagt dich entsorgt vor
gezeiten im spaßbad *und dann?*

Weißt du nicht mehr? Wären *ich und du* mein beflügelter
zossen *nicht gekommen und* hätten's auf unsre kappe
genommen, so hätte es *doch leicht* versinken *können*

tausch

ende des sommers
wendete mein
wieder auffindbarer himmels
körper auf halber höhe
künstlichen hügels
ein das würde eben ein film mit über
länge *'n mehrteiler* wieder
warf ich mir die über
lagerte pille in
dessen pullover erheblicher hülle hätte ich
bleiben sollen ein anderer
seits war's scheints allgemein
zu sehen das leingewand
unserer szenenfolge

folge soundso halbfinale
einstellung des schwindels
auf den kopf zu die
not-to-do-list und
action *Architekten* der
reaktion günstlinge des gefüges
höher hinaus führt der raum der
nicht bleibt zwischen flasche und
hand an hand unter
stand sich zu weichen nicht fingerdick
schmierten wir's uns aufs zucker
erbsenbrot wo ein körper ist kann
ein zweiter sein siehe im abspann
trug das filmkind deines mondes namens meinen

between the salt water and the sea strand

manchmal kommt man vorbei
ohne wasser im schuh hierzu
lande tritt nur in der strichfassung
aus was sonst dicker ist echt
oder in farbe die lachmöwen
sparen's noch ein auf dem einen
bein im vorbeigehn flattert's kurz
auf in den kiemen halbtoter flundern
deren verwunschne verwandte sonderten
noch *einen langen Strypen* leben
gelassen *achter sick* ab oder
im handumdrehn striemen vom reißen an
den riemen isser denn immer noch nich
bei'er fahne ruft den fischer
syn fru ausnehmend flüchtigen seeblicks ich
erahne rote fetzen *fliegen auf der*
blauen leeseite sehe ich zu vorbei
zu kommen das wasser im messer
schneideschritt zu vermeiden gleichen
teils das streifen am geschiebelehm dem
wir entnommen sind sitzfleisch und
blut eine wohnung den dohlen wie man hört
ist die bruthöhle ihnen revier genug
im loch an loch ihrer herzen leben sie im ewigen haus
schuh doch du und ich kennen sie wenig

differenz

in der Stunde, die uns bleibt
ist jeder beschäftigt mit dem verstauen du
der dämmerblauen kluft dem vergessen von
teekesselchen dubleeschlüsselein licht
beständigem verdanken auf der rück
seite der landschaft taugrün ich mit dem
unbeschränkt gleichen verteilen der sympathien
auf die entzügige bleiberin lahme entente
schneiderin und die kordial abgebrühte in
beschlossenheit verübte sowieso erblühte

wir zählen's nicht runter kühlen uns
munter in eisbechern unser blütchen es muss ja
eintreten in die verhütung eine blaupause das
vertrautere verfahren mit dem sympathikus wenn's
am frönen ist soll man aufhören höhepunkte
zu vergeben bei der gelegenheit will ich erwähnen
habe ich rücksichtsvoll alles geträumt du
habest mich meinst du dich sagst du bestimmt
gefreut als minuend verweilen
wir doch auf der ablichtung
bleibt uns die stunde der indifferenz

valet

die züge auf der postkarte mit der
gänzlich entblätterten kopfweide solche
sah ich vor ort zur faschingszeit
sie trockneten auch nach tagen nicht manche
karten sind unbeschreiblich sie musste
hierbleiben alles noch mal schreiben
ich mit kugel *und Blei* auf der
eisenbahn bald den zwilling von tinte
als leibliche hinfahrkarte sie konnte
nicht einsinken sagt man da ins
gestrichene papier meiner augen
weide bestimmte worte
werden ausrangiert

nachricht

was mich betrifft es geht dich ja
nichts an diesem ort kann verlassen ich lebe
wohl sagen was braucht's einen eigenen
haushalt der gefühle sind viele im stasis field auch
eine seinsfiktion zimmerflucht bleibende stätte er
holungsbedürftiger emotionaler
intelligenztests oder was
davon übrig ist am ereignis
horizont *gimme gimme gimme* skelter
hält er was gravitätisch sich nicht
abstoßen ließ mein *Asyl im Para*
dies unser walt- und wieso-spiel
in ew'ger Zeit, o wie mich freut
steh-geh in der silly season

in der remphase zwischen der eks
und homöostase habe ich längst
stellung bezogen auf ein system
ausgedehnten wohnberechtigungsscheins
dein anwesen steuermann ist nicht unbedingt von
nöten im cyberspace papagenos
peripherer Phantomatik aber geht der zauber
flöten vor der rückkoppel mache ich mit
den zitterpappeln gemeinsame sache *Espe*
ranto c'est la langue de l'amour hier stay ich
alive bis auf weiterer flur und moduliere ab und an
preschtest du mit der kalesche heran im
sonntagsstaat bekannt wie'n dunkler

schlund die trauermäntel triangel
eingerissen im walde *so morgen wie heut* und
deine manifeste freundin müsstest du
auch nicht verstoßen wir wollen
nicht kleinlich sein
wollen wir nicht

geburtstag

ich war schon mal hier
vor drei wochen mit dir
allein es ist absolut kein
déjà-wünsch-dir-was wie
in jener ausgeräumtheit eines
ersten winterabends als uns
schwaden nebels blind
schrieben in die fortsetzung
eines tages ausflugs einer
ausfallstraße einfallstoren die
wir waren glücklicher
jünger eines schade du
ich beschlagene adeptin meines
ach noch nicht die nachtschicht
stand noch ein und aus für uns
legtest du die lichten bilder
auf die lehne jener letzten
sitzgelegenheit im leeren
zwischenraum den arm
dann auch warm wie eingeträumt
meinem an ich weiß wir sahen
halb nur das was vor uns lag
bei dem foto dreier frauen
waren wir uns einig welche
uns am nächsten stand die andre
eine ist uns unbekannt
tret ich ein jetzt bei dir
ist sie ja schon allhier

die gesellschaft komplett möbliert ist dein
heim glück allein zu sein
hab ich mit *all' mein Gedanken*
deiner augen nebel schwanken
bei einem vor wochen gehörten lied
als ich fortging
war es werdandi der deine hand
übern ärmel strich doch
bleibt dir ja noch skuld was soll sein

milvus milvus

auf schwingendem wrasen am rande
des männlichen wasserstadiums nämlichen sees
Two of Us (Naked Version) once
more zur belehnung benetzung und -nutzung
las von *Prins Herzlos* ich dir vor welcher
auch nicht immer so geheißen
haben soll doppelte buchfühlung noch
in trockenen brüchen wär ich mit dir
ins brustschwimmen gekommen und rücklagen
bildeten sich von alleine ein *was es*
nun ist stand dir auf der stirnseite an
geschrieben stürzenden mauerwerks du
selbst hast das bild so gestellt dass nun dauernd
hereinbricht was lang beieinander
schon lag ich in söllen den *Augen der*
Landschaft und ganz *if I had*
to do the same again I would
my friend eine fluide unze
mehr fahrt durchs wasser als fahrt über
grund machen *for liberty* denn es *fängt alles*
erst an wenn ein punkt erreicht
ein nach der größeren bärin (that's right) *hin*
gewendeter Stern zu sein *Der Milan*
segelt *durch den Sommer*
davon dass es eine frage
zur betonung ist

There's a buzzard of gulls
They're drumming in the wind
Only lovers alive
Running in the dark

And I rolled away
Said we never wanted much
Just a rollercoast'

Slowdive, *Sugar for the Pill*

Die Arbeit an diesem Band wurde gefördert durch den
Deutschen Literaturfonds e.V. und das MWFK Brandenburg.